LOVE
BRAVE

"To my mother, Mavis Patricia Dixon.
My model and inspiration in love and faithfulness."

맹렬한 사랑

His love makes me brave

비홀드

제가 한국의 수많은 리더들이 '누님'이라고 부르는 게일 딕슨 선교사를 처음 만난 때는 그녀가 열방부흥축제(Celebration for the Nations)의 비전을 나누기 위해 한국을 방문한 2006년입니다. 저는 그녀와 함께 전국을 다니며 열방부흥축제에 대한 그녀의 비전과 메시지를 들었고, 그때마다 주님은 제 마음에 그 비전이 주께로부터 왔고 성령께서 하시는 일이라는 강한 확신을 주셨습니다. 이후로 지난 17년 동안 저를 포함한 한국의 예배자들과 리더들이 그녀와 함께 믿음의 모험인 열방부흥축제를 행복하게 이어오고 있습니다. 그리고 주를 향한 순전한 사랑으로 믿음의 모험을 하는 그녀의 열정적인 선교적 삶을 옆에서 지켜볼 수 있는 영예를 누리고 있습니다.

게일 선교사는 진정으로 탁월한 메신저요 성경교사입니다. 그녀가 성령의 감동으로 전하는 메시지는 영혼을 향한 온전한 사랑으로 이미 완전히 승리하신 주님의 음성을 듣는 것 같습니다. 이 책도 그러합니다. 우리를 향하신 주님의 맹렬한 사랑, 그리고 그분 안에 거하는 삶으로 부르시는 우리의 진정한 정체성에 가슴이 뜨거워집니다. 모든 민족을 구원하시는 그리스도의 사랑 안에서 함께 하늘의 부르심을 받은 우리는, 우리를 그리스도와 함께 하늘에 앉히시는 하나님의 권세가 무엇인지 더 알길 원하는 갈망이 생깁니다. 또한 그 갈망으로 주의 맹렬한 사랑과 권세가 어떻게 이를 구체적으로 여러 영역에서 행할 수 있게 되는지를 그녀의 귀한 간증들을 통해 깨닫습니다. 저는 이 책을 읽으면서 제 가슴에 하늘의 푸른 불꽃이 다시 일어났습니다.

게일 선교사는 이 시대 가운데 주님을 향한 우리의 사랑, 그리고 서로를 향한 사랑을 다시 깨우라는 부르심에 순종하여 이 책을 집필했습니다. 저는 이 책을 읽는 분들마다 "나의 사랑, 내 어여쁜 자야 일어나서 함께 가자"라는 사랑의 왕의 음성을 듣게 되길 기도합니다. 행동으로 그 사랑을 증명하신 '사랑하는 용사 예수'를 따라, 행동하는 '십자가 사랑의 군대'가 한국과 온 열방에 일어나기를 소망합니다. 완전히 주님께 항복한, 패배함으로써 승리하고 죽음으로써 살아나는 어린양의 군대가 일어나기를 간절히 간구합니다.

내가 내 영을 만민에게 부어 주리니 너희 자녀들이 장래 일을 말할 것이며 너희 늙은이는 꿈을 꾸며 너희 젊은이는 이상을 볼 것이며 그 때에 내가 또 내 영을 남종과 여종에게 부어 줄 것이며.

욜 2:28-29

주의 맹렬한 사랑으로 부흥의 역사를 이어가며 마지막 때에 열방 가운데 이 말씀이 성취되는 것을 보게 되기를 믿음으로 굳게 서서 여전히 노래하며 기도합니다!

고형원 · '부흥한국'과 '하나의코리아' 대표, '국제음악예술네트워크' 공동대표 입니다.

웨일즈는 시를 사랑하는 땅입니다. 켈틱의 영성을 이어받아 아름다운 자연 속에 창조주를 향한 그리움을 짙게 품고서 시인지 기도인지 분간하기 어려울 만큼 아름다운 찬미를 올려 드리던 땅입니다. 또한 백이십 년 전, 부흥의 우물이 솟아나 열방을 복음으로 섬겼던 역사가 새겨져 있습니다. 웨일즈에서 시작하여 다양한 민족들의 선교 운동의 산실이 되었던 '네이션스'의 대표, 게일 딕슨은 2007년에 그 사랑을 마주 보고 경배하자며 열방의 예배자들을 초대해 주었습니다. 그때부터 영원으로부터 들려오는 창조주의 사랑의 멜로디를 듣고 기쁨으로 따라가는 그녀의 여정을 곁에서 보았습니다. 결핍과 상실로 목마른 자들, 깨어지고 상한 자들, 어디에서도 초대받지 못한 이들을 불러 모으시는 아버지의 긍휼을 그녀와 함께 예배하며 배웠습니다. 영원한 신랑이며 왕이신 주님의 사랑, 더 할 수도 덜 할 수도 없는 맹렬한 사랑 앞에 물러나지도 회피하지도 않고 온전히 항복하는 법을 배웠습니다.

「맹렬한 사랑」은 그 만남의 자리로 부르는 초대장입니다. 사랑이 가 닿는 곳마다 메말라 죽어가던 생명이 자라나고 하나님 나라의 역사가 생생하게 쓰여지는 것을 증거하는 한 여인의 삶으로 쓴 초대장입니다. 그녀는 이 사랑의 초대를 '선교'라고 부릅니다. 「맹렬한 사랑」의 초대장이 배달되었다면 잠시 주의해야 합니다. 이 초대장을 펼치기 시작한다면 팬데믹을 핑계로 차가워진 심장이 다시 뜨겁게 뛰기 시작하고, 영원을 향한 그리움과 갈망이 눈가에 차오를지도 모릅니다. 맹렬한 사랑으로 승리하신 어린양께 엎드려 경배하고 싶어질 지도 모릅니다. 향유 옥합을 깨뜨려 남은 삶을 아낌없이 부어드린 마리아처럼.

진희경 · 어린양교회 담임목사입니다.

—————————————

하나님의 불꽃을 경험하고 하나님을 아는 사람은 모든 것을 내려놓고 약속을 따라 여정을 떠나는 사람입니다. 게일 선교사는 그 여정을 시작하여 여전히 계속하는 순례의 사람입니다. "나의 사랑 내 어여쁜 자야" 하는 신랑의 초청에 그 사랑하는 자의 음성을 듣고 더욱 찾고 따르기 위해 위험을 무릅쓰는 사람입니다. 맹렬한 사랑으로 이끄시는 어린양께만 이끌리고자 다른 어떤 것에도 마음을 주지 않고 주께 시선을 고정시킨 믿음의 사람입니다.

아니, 주님이 그녀의 일생의 시선을 사로잡으셨습니다. 그녀의 음성을 듣고 있으면 누구에 의해서 움직이는지, 그녀가 더욱 듣고 따르기를 원하는 음성이 누구의 것인지를 알 수 있습니다. 그것이 바로 우리가 그녀의 설교와 글을 더욱 듣고 싶고, 더욱 읽고 싶은 이유입니다.

「맹렬한 사랑」은 하나님의 어린양이신 예수 그리스도를 위하여 모든 것을 부어드리기를 기뻐하는 소명의 사람, 게일 선교사의 삶과 사역을 통해 전해주는 하나님과 사랑받는 자들의 '사랑 이야기'입니다. 이제 당신도 그 맹렬한 사랑의 초청을 경험하게 될 것입니다. 그리고 함께 노래하면서 순례의 여정을 하게 될 것입니다. 이 책을 기쁘게 추천합니다.

홍원표 · 더하트하우스교회 담임목사이며 2007년부터 '열방부흥축제'에 동역하고 있습니다.

이 책은 언어의 선물입니다. 우리의 시각과 청각을 깨우는 이 책의 모든 언어는 침묵과 고독이 가득한 공간, 온전히 예수님만이 임재하시는 공간에서 태어나 저자의 내면 깊은 곳에서 살아 움직이는 감동적인 이야기들에 힘을 실어 줍니다. 예수님을 따라 40여 년을 살아온 제가 지금 한 번 이상, 그것도 아주 천천히, 그

리고 조용히 읽어 내려가야 할 책입니다.

레즈 노르만(Dr. Les Norman) · DCI선교학교(DCI Schools of Mission)를 설립하여
운영하고 있습니다.

　이 책은 값진 '진주'와 같습니다. 저자 게일은 찬양하는 삶을
사는 사람입니다. 주를 찬양하는 겸손한 삶의 간증을 중심으로
펼쳐지는 이 책은 하늘의 손길이 되어 우리 영혼을 감싸 안아 줍
니다. 또한 시와 기도, 숨결을 불어넣어 생기를 입힌 문장들은 사
랑의 노래를 만들고, 열방에서 주를 맹렬히 사랑하는 용사들이
일어나 함께 새로운 춤을 추자고 초대합니다. 그 초대는 우리에
게 믿음의 회복을 위한 풍성한 기회를 주고, 사랑하는 분의 품에
안기어 온전한 쉼을 누리는 길로 안내할 것입니다.

로버트 리브(Dr. Robert Reeve) · 선교사, 작가, 그리고 국제적인 강연자로 활동
하고 있습니다.

웨일즈에서 따뜻한 마음을 가득 담아 인사를 전합니다.

「맹렬한 사랑」이 한국어로 출판되어 매우 기쁩니다. 번역과 출판을 위해 힘써 주신 손정선 선교사님, 정석광 선교사님, 진희경 목사님, 그리고 비홀드출판사에 감사와 축복을 전합니다.

25년이 넘는 시간 동안, 저는 한국인들과 날실과 씨실이 얽히고설켜 아름다운 천을 만들 듯 그렇게 함께 해왔습니다. 오늘도 저는 이곳 웨일즈에서 하나님 나라를 위해 목숨까지도 바칠 수 있는 사랑하는 한국 친구들과 함께 사역하고 있습니다.

제게는 북한을 떠나 한국에서 살고 있는 너무도 사랑스러운 딸이 있습니다. 입양 이후에도 딸은 한국에 살고 있지만, 저희는 삶의 많은 이야기를 나누며 함께하고 있습니다. 저는 제 딸을 너무나 사랑합니다.

책 내용 중에 소개한 '열방부흥축제'를 통해, 저는 한국은 물론 웨일즈와 다른 여러 나라를 위한 예배와 중보에 깊이 참여하는 큰 기쁨을 가지고 살아가고 있습니다. 또한 '부흥한국'을 비롯한 많은 예배팀들을 만났고, 그들은 저의 '동생'이 되었습니다. 이것은 제게 매우 큰 특권입니다.

저는 한국에서의 생활, 매우 맛있는 한국음식, 그리고 무엇보다 열정 넘치는 한국인들을 사랑합니다. 그리고 이 책을 통해 만나는 한국의 독자님들께 사랑과 감사를 전합니다. 여러분이 바로 이 세상을 더 풍요롭게 만드는 사람입니다.

사랑을 담아

_____

지금 우리는 '고통의 시대'인 동시에 '약속의 시대'를 살아가고 있습니다. 학대와 불의가 우리를 더욱 짓눌러 고통의 신음소리가 곳곳에서 터져 나오고 있습니다. 분명 우리는 어제보다 오늘 더 고통스러운 시대를 살아가고 있습니다. 그러나 고통만 주어진 것은 아닙니다. 우리는 확실한 '약속'도 가지고 있습니다. 그것은 바로 주님이 마지막 날에 그분의 영을 모든 육체에 부어 주시겠다는 놀라운 약속입니다!

> 그 후에 내가 내 영을 만민에게 부어 주리니 너희 자녀들이 장래 일을 말할 것이며 너희 늙은이는 꿈을 꾸며 너희 젊은이는 이상을 볼 것이며 그 때에 내가 또 내 영을 남종과 여종에게 부어 줄 것이며. 욜 2:28-29

예수님은 우리가 살아가는 이 시대에 대하여 다음과 같이 밝히 드러내셨습니다.

> 불법이 성하므로 많은 사람의 사랑이 식어지리라. 마 24:12

저는 주님을 향한 우리의 사랑, 그리고 우리 서로를 향한 사랑을 깨우라는 부르심에 순종하여 이 책을 집필하기 시작하였습니다. 우리의 예수님은 맹렬히 사랑하는 용사이십니다. 그분의 무기는 바로 그분 자신이십니다. 예수님께서 스스로 무기가 되실 수 있는 이유는 그분 자체가 사랑이시기 때문입니다.

우리는 예수님을 알면 알수록 더욱 사랑받는 용사로 세워질 것입니다. 하나님은 우리를 예수님께서 직접 싸우시는 것처럼 훈련하시고, 포효하는 사자를 물리치는 어린 양과 같이 되도록 단련하실 것입니다.

> 당신의 목에 나의 목걸이를 걸어라.
> 당신의 손가락에 나의 반지를 끼어라.
> 사랑은 위험과 죽음을 직면하고 서 있을지라도
> 맞설 자 없는 무적의 용사이다.
> 열정은 지옥의 두려움을 비웃는다.
> 어떤 것도 멈출 수 없는 사랑의 불-
> 이전에 있던 모든 것을 쓸어버리는 사랑의 불
> 홍수로 범람하는 물도 사랑을 삼켜버릴 수 없다.
> 극심히 퍼붓는 비도 사랑의 불을 끌 수 없다.
> 사랑은 살 수 없다. 사랑은 팔 수 없다.
> 사랑은 시장에서도 구할 수 없다. 아 8:6-8, 메시지성경

사랑만이 승리합니다!

Contents

Chapter 1

이끌림

맹렬한 사랑에 이끌리다

보배롭게 간직된 사람,
어떤 말로 그런 나를 표현할 수 있을까요?
이토록 많이 부족한, 결핍함을 느끼는,
사랑에 굶주린 이 마음을 압니다
나는 당신의 눈과 마주치고 이내 눈길을 돌립니다
당신의 사랑을 바라보는 것이 나를 아프게 합니다

다정하고 부드러운 분,
당신은 내 얼굴을 들어 다시 바라보게 하십니다
아무 말 없이 나의 아픔 깊이 들어오십니다
사랑의 폭포가 내게서 넘쳐흐릅니다
그리고 나는 보기 시작합니다

당신이 바라는 것은 나의 기도도 나의 사역도 아닙니다
바로 나! 당신은 나를 원합니다
오 거룩한 불이여,
당신의 눈은 깊이 타오릅니다
당신의 사랑으로 내게 상처를 입힙니다
나를 자유롭게 만드는 달콤한 상처들을

당신의 식탁으로 나를 이끌어 간 당신,
그곳에서 우리는 함께 먹습니다 나는 감싸 안겨 있습니다
당신의 사랑 안에 나는 당신과 만납니다
당신의 사랑을 받을 때 굳게 닫힌 내 마음이 무너져 내립니다
그리고 당신과 함께 앉아 빵을 뗍니다

예수님은 당신을 사랑하십니다!

세상에서의 사랑은 뜨겁게 불타올랐다가 한순간에 사그라지지만, 예수님의 사랑은 결코 사그라지지 않습니다. 오히려 더욱 맹렬히 타오르고 영원히 꺼지지 않습니다. 예수님은 사랑을 '행동'으로 표현하셨고, 지금도 여전히 그러하십니다. 그분의 사랑은 값을 지불하여 모든 대가를 치른 사랑입니다. 용사의 사랑으로써 말입니다. 출애굽기 15장 3절은 우리 주님을 사랑하는 용사(Beloved Warrior)로 표현하고 있습니다.

여호와는 용사시니 여호와는 그의 이름이시로다.

주님은 맹렬하고 강인한 사랑으로 학대받는 그분의 백성을 노예의 삶에서 벗어나 출애굽 하도록 이끌어내셨습니다. 모세가 주님의 말씀을 따라 홍해 앞에 자신의 손을 내밀었을 때, 주님은 그들을 구원하시기 위하여 모세의 손 위에 그분의 손을 펼쳐 올리셨습니다. 또한 때가 차서 사람들이 힘을 모아 십자가를 들어 올릴 때, 주님은 우리를 구원하시기 위하여 십자가 위에 그분의 두 손을 펼쳐 올리셨습니다.

예수님은 그 열정적인 사랑으로 가해자든 피해자든 상관없이 사탄의 거짓에 짓눌려 억압받는 자들을 구원하시기 위하여 그분의 손을 펼치고 계십니다. 예수님은 십자가에 달려 죽으시고 부활하심으로 사탄과 그의 무리를 완전히 물리치셨습니다. 그러나 안타깝게도 여전히 많은 사람들이 사탄에게 사로잡혀 살아가고 있습니다.

지금 이 순간에도 주님은 그분의 사랑스러운 신부를 부르고 계십니다. 내면 깊은 곳에서부터 그분의 신부로 부름 받아 세워진, 그리고 그분과 영원히 함께 할 신부에게 "일어나라"고 명하고 계십니다. 우리로 가장 강력한 사랑이라는 무기를 휘두르는 용사임을 일깨우시며 일으켜 세우고 계십니다.

사랑, 언약의 관계

우리가 주님을 나의 구주로 고백하는 순간, 주님은 우리에게 오셔서 언약의 관계를 맺으십니다. 예수님은 십자가의 죽음을 앞두시고 제자들에게 그 언약의 관계에 대해 말씀하심으로써 그들을 준비시키셨습니다.

> 너희는 마음에 근심하지 말라 하나님을 믿으니 또 나를 믿으라 내 아버지 집에 거할 곳이 많도다 그렇지 않으면 너희에게 일렀으리라 내가 너희를 위하여 거처를 예비하러가노니 가서 너희를 위하여 거처를 예비하면 내가 다시 와서 너희를 내게로 영접하여 나 있는 곳에 너희도 있게 하리라. 요 14:1-3

사실 이 말씀은 '신랑의 언어'입니다. 당시 유대문화에서 사랑하는 두 남녀가 결혼하려면 먼저 '약혼(정혼)의 언약'을 맺어야 했습니다. 약혼예식을 치르면, 남자는 신부를 위한 거처를 예비하기 위해 아버지의 집으로 혼자 떠납니다. 약혼한 두 남녀는 비록 떨어져 있지만 서로를 향한 사랑과 책무를 굳게 지키며 더욱 하나가 되어갑니다. 드디어 아버지 집에 거처를 마련한 남자는 자신을 기다리는 신부에게로 갑니다. 그 행렬에는 많은 사람들의 축복과 선물이 쏟아집니다. 신랑신부는 성대한 예식을 치르고 화려하게 행진합니다. 춤과 즐거운 외침, 노래가 계속해서 울려 퍼집니다.

이와 같이 유대문화가 근간이 되었기에 제자들은 예수님께서 무슨 말씀을 하시는지 바로 알 수 있었습니다. 더욱이 지금까지 경험한 예수님의 사랑의 언어를 통하여 그들은 보다 깊은 의미를 깨달았습니다.

예수님께서 제자들과 (또한 지금 우리와) 맺으신 언약의 관계는 당시 약혼의 언약 관계였습니다. 예수님은 마지막 날에 다시 오겠다고 약속하셨습니다. 그날에 아버지의 집에 예비한 거처로 신부를 데려가는 신랑처럼 성대한 예식과 화려한 축하행렬을 지어 우리를 그분의 나라로 데려 가실 것이라고 하셨습니다. 이것이 마지막 날에 대한 예수님의 약속이며 지금 이 순간에도 현존하는 말씀입니다.

우리는 예수님을 알기에 하나님 아버지를 압니다. 그분은 지금 여기 우리와 함께 계십니다.

예수께서 이르시되 내가 곧 길이요 진리요 생명이니 나로 말미암지 않고는 아버지께로 올 자가 없느니라 너희가 나를 알았더라면 내 아버지도 알았으리로다 이제부터는 너희가 그를 알았고 또 보았느니라. 요 14:6-7

예수님과 맺은 약혼의 언약은 시공간의 제한을 받지 않습니다. 유일한 길이신 그분과의 관계 안으로 들어가면, 그 순간 우리는 실존하는 영적 현실로 점화되어 언약의 시간을 살아가게 됩니다. 그리고 삼위일체 하나님을 만나고 알아가기 시작합니다. 우리가 탐구할 영원이라는 시간은 신비 그 자체입니다.

예수님의 말씀 가운데 나타난 약혼의 이미지는 하나님의 아들이 그분을 따르는 자들에게 온 우주에서 가장 위대한 진리를 이해시키기 위한 것이었습니다. 그 진리는 우리 모두가 영원히 변치 않는 사랑으로 사랑을 받고 있다는 것입니다! 주님은 인간의 언어로 표현할 수 없을 만큼 우리와 연합하기를 간절히 원하십니다. 우리가 그분의 심장 가장 깊은 곳, 그 마음을 알기를 원하십니다. 이러한 주님의 마음을 인간의 삶에서 가장 잘 표현해 낼 수 있는 방법이 바로 약혼과 결혼인 것입니다.

우리는 주님과 언약의 관계 안에서 다시 태어납니다. 그것은 내가 아닌 주님이 먼저 나를 택하셨기에 가능한 것입니다. 그렇다면 주님은 왜 우리를 택하셨을까요? 그 한 가지 이유는 이스라엘을 그분의 백성 삼으신 주님께서 동일하게 우리 모두를 그분의 백성 삼으시길 원하셨기 때문입니다. 즉, 주님이 우리를 백성 삼으신 이유는 우리와 항상 함께 하길 원하시고 우리를 사랑하시기 때문입니다. 주님은 사랑이십니다!

> 여호와께서 너희를 기뻐하시고 너희를 택하심은 너희가 다른 민족보다 수효가 많기 때문이 아니니라 너희는 오히려 모든 민족 중에 가장 적으니라 여호와께서 다만 너희를 사랑하심으로 말미암아, 또는 너희의 조상들에게 하신 맹세를 지키려 하심으로 말미암아 자기의 권능의 손으로 너희를 인도하여 내시되 너희를 그 종 되었던 집에서 애굽 왕 바로의 손에서 속량하셨나니. 신 7:7-8

신부를 위하여

약혼예식의 목적은 사랑하는 두 남녀를 고결하고 거룩하게 성별하기 위함입니다. 예식 후에 그들은 서로를 위해 스스로 떨어져 지내는데, 이는 성경에서 '거룩함'을 말씀하실 때에 사용됩니다. 예수님은 이렇게 말씀하십니다.

> 또 그들을 위하여 내가 나를 거룩하게 하오니 이는 그들도 진리로 거룩함을 얻게 하려 함이니이다. 요 17:19

약혼예식 가운데 신부의 지참금을 합의하는 과정이 있는데 그것이 성사되면 언약의 관계가 확립되었음을 증표로 확증합니다. 그 증표란, 두 남녀가 포도주 한 잔을 나눠 마시는 것입니다. 포도주는 성경험이 없는 순결한 여인의 피, 즉 결혼 첫날밤 신랑 신부가 하나 될 때에 흘리는 여인의 피를 상징합니다.

그런데 이 과정이 우리에게 아주 생소하지만은 않습니다. 최후의 만찬에서 예수님은 포도주 잔을 들고 제자들과 나눠 마시셨습니다. 그분의 손에 들려 있던 잔이 바로 우리와 맺으시는 약혼의 언약을 확증하는 증표입니다. 그렇게 예수님은 지급하기로 합의한 신부의 몸값을 공식적으로 확증하셨습니다. 하지만 그때 신부는 이미 다른 신에게 자신을 판 순결하지 않은 창녀와 같은 상태였습니다. 그래서 예수님은 언약의 성사를 확증하는 포도주를 손에 드신 순간, 사랑하는 신부를 다시 얻기 위하여 생명의 근원이 되는 피, 즉 자신의 모든 피를 흘리기로 작정하셨습니다.

> 저녁 먹은 후에 잔도 그와 같이 하여 이르시되 이 잔은 내 피로 세우는 새 언약이니 곧 너희를 위하여 붓는 것이라. 눅 22:20

주님과의 언약은 이러한 최고의 궁극적인 사랑의 기치 아래 확립되었습니다. 바로 예수님께서 '그분의 육체'로 완성하셨습니다.

> 그러므로 형제들아 우리가 예수의 피를 힘입어 성소에 들어갈 담력을 얻었나니 그 길은 우리를 위하여 휘장 가운데로 열

어 놓으신 새로운 살 길이요 휘장은 곧 그의 육체니라 또 하
나님의 집 다스리는 큰 제사장이 계시매 우리가 마음에 뿌림
을 받아 악한 양심으로부터 벗어나고 몸은 맑은 물로 씻음을
받았으니 참 마음과 온전한 믿음으로 하나님께 나아가자. 히
10:19-22

예수님은 제자들에게 "내가 너희를 위하여 거처를 예비하
러 가노라"(요 14:2) 하고 말씀하셨습니다. 그렇다면 그 거처는 어
떤 곳일까요? 예수님이 우리를 위하여 준비하고 완성하신 거처
는 바로 그분 안에 있습니다. 우리가 하나님의 왕국에 들어갈 수
있는 유일한 길은 오직 예수뿐입니다. 또한 우리를 아버지 앞에
설 수 있게 하는 유일한 길도 오직 예수뿐입니다. 하나님께서 모
세를 위하여 그분의 영광을 드러내시며 반석을 가르셨던 것처럼
반석이신 예수님은 우리를 위하여 갈라져야 하셨습니다.

신랑의 초대

예수님이 십자가에서 돌아가시는 순간, 군인의 창끝이 정확
하게 예수님의 심장 가장 깊은 곳을 파고들었습니다. 우리는 그
것을 어떻게 알 수 있을까요?

그 중 한 군인이 창으로 옆구리를 찌르니 곧 피와 물이 나오

더라. 요 19:34

의사라면 누구나 심장이 파열되면 그곳을 둘러싸고 있는 심낭 안으로 피가 새어 들어간다는 것을 알고 있습니다. 피가 심낭에 들어가면 그 피는 물처럼 맑은 혈장으로 분리됩니다. 바로 이 과학적 사실이 예수님의 사인(死因)을 정확하게 말해줍니다. 십자가에 달리셔서 우리의 죄를 담당하신 그 끔찍한 시간 동안, 예수님은 아버지로부터 분리되셨고, 그때 그분의 심장은 파열되어 부서졌습니다. 하나님의 아들이 이러한 죽임을 당하신 이유는 바로 우리의 죄를 부서뜨려 도려내시기 위함이었습니다.

예수님께서 우리를 위하여 준비해두신 거처는 바로 그분 안에 있습니다. 아니, 더 구체적으로 그분의 몸 안, 그 깊은 심장 안에 있습니다. 주님은 우리가 그분의 심장 안으로 기꺼이 들어갈 수 있도록 길을 내어 주셨습니다.

예수님은 제자들에게 "가서 너희를 위하여 거처를 예비하면 내가 다시 와서 너희를 내게로 영접하여 나 있는 곳에 너희도 있게 하리라"(요 14:3)고 말씀하시며 그들을 그분의 왕국으로 초대하셨습니다. 그리고 지금 우리 역시 거룩한 성령의 능력으로 용사되시는 신랑에게 놀라운 초대를 받고 있습니다.

"나는 너를 내 심장 가장 깊은 곳으로 데려가길 열망한단다. 네 심장과 나의 심장이 하나 되어 한마음으로 뛰기를 원한단다."

진정한 정체성

그렇다면 주님은 우리를 위하여 어떤 일을 하고 계실까요? 주님이 우리를 위하여 일하신다는 말의 의미는 무엇일까요? 우리는 그리스도 안에서 어떻게 살 수 있을까요? 만약 당신이 저와 같은 성정의 사람이라면, 영원히 살아갈 수 있는 거처의 경계에 서서 나만의 편의에 따라 안과 밖을 슬며시 들어갔다 나왔다 하고 싶을지도 모르겠습니다. 만약 그렇다면 우리는 살아온 날들을 되돌아볼 필요가 있습니다. 내게는 너무도 소중한 일들이 예수님께는 그렇지 않은 일일 수 있음을 깨달을 필요가 있습니다.

그러나 이 말을 오해하지 마시기 바랍니다. 주님은 우리 삶의 모든 면에 관심을 가지고 계십니다. 우리와 항상 함께 하십니다. 심지어 우리가 주님을 완전히 잊어버리고 인식조차 못하고 살아갈지라도 우리를 돌보아주십니다. 이러한 주님께서 진정 열망하시는 것, 그것은 바로 우리가 그분과 연합 된 관계로 살아가는 것입니다.

내 안에 거하라 나도 너희 안에 거하리라. 요 15:4

우리가 주의 손을 놓을지라도 주님은 우리의 손을 결코 놓지 않으십니다. 언제나 우리와 함께 하십니다. 물론 나와 함께 하신다고 해서 내가 항상 주님과 협력하고 있다고 말할 수는 없습니다. 주님은 우리가 그분의 뒤를 졸졸 따라다니거나 끌려 다니는 것을 원치 않으십니다. 주님은 우리와 함께 걷길 원하십니다. 그분의 열망은 우리와 나란히 함께 걸으며 앞으로 나아가는 것입니다. 그때 우리가 주님과 걸음을 맞추지 않는다면 앞으로 나아갈 수 없습니다. 신부는 결혼과 동시에 가족을 떠나 신랑과 함께 앞으로 나아가야만 합니다. 예수님은 이렇게 말씀하십니다.

> 또 무리에게 이르시되 아무든지 나를 따라오려거든 자기를 부인하고 날마다 제 십자가를 지고 나를 따를 것이니라 누구든지 제 목숨을 구원하고자 하면 잃을 것이요 누구든지 나를 위하여 제 목숨을 잃으면 구원하리라 사람이 만일 온 천하를 얻고도 자기를 잃든지 빼앗기든지 하면 무엇이 유익하리요.
>
> 눅 9:23-25

주님과 함께할 때에야 비로소 우리는 진정한 자아를 찾을 수 있습니다. 내 정체성을 찾고 내게 주어진 소명을 이해할 수 있습니다. 주님은 '스스로 있는 분'(I AM, 진정한 실존)이십니다. 우리는 스스로 계시는 그분 안에서 '나 자신'(I am, 실존들)을 발견할 수 있습니다. 주님은 그분의 모든 것, 즉 그분 자신에게로 우리를 데려가겠다고 약속하십니다.

우리는 주님으로부터 왔기에 그분으로부터 진정한 자아를 다시 찾아야 하는 것이 당연합니다. 그런데 먼저 선택권이 있습니다. 그것은 주님과 함께 할 본향에 가기 위하여 세상이라는

'집', 즉 나의 '프시케'(psyche)를 잃어버리는 선택을 할 수 있느냐 하는 것입니다.

일반적으로 프시케는 우리의 '혼'을 의미하고 마음, 감정, 의지로 표현됩니다. 그리고 프시케를 잃어버리는 선택이란, 내 정체성을 잃어버린 느낌으로 매일을 살아가는 것과 같습니다. 우리가 프시케를 잃어버리는 선택을 한 상태로 삶을 유지해나가는 것은 매우 어려운 일입니다. 하지만 여기서 우리는 예수님이 우리의 프시케조차도 사랑하신다는 것을 믿을 필요가 있습니다. 우리의 프시케를 창조하신 분도 주님이십니다. 우리 모두는 주님의 형상을 따라 개개인이 매우 특별하게 창조되었습니다. 비록 우리 안에 주님의 형상이 손상되어 있을지라도 우리는 여전히 소중한 가치를 가진 존재입니다.

하지만 스스로의 힘으로 손상된 프시케를 구원하려고 하면, 도리어 자신의 프시케를 잃어버리게 됩니다. 왜냐하면 우리가 프시케를 제대로 이해하지 못하고 있기 때문입니다. 우리의 프시케는 하나님의 형상 안에서 창조되었는데, 자꾸 사람의 견해로 프시케를 바라보고 이해하려고만 하기 때문입니다. 이 세상이라는 '집' 안에서 살아가는 우리는 누군가의 생각과 말에 의해 자기 자신을 판단합니다. 또한 지금까지 성취해냈고 앞으로 성취해나갈 것들의 결과에 따라 자기 자신을 판단합니다. 이렇듯 우리가 바라보고 이해하는 기준은 내가 얼마나 많이 가졌는지, 얼마나 많이 배웠는지, 그동안 무엇을 성취했고 앞으로 무엇을 성취할 것인지에 얽매여 있습니다.

세상은 계속해서 지식을 추구해왔고 지금도 마찬가지입니다. 지식은 우리에게 하나님 없이도 살 수 있다고, 주님과 관계하지 않아도 잘 살 능력이 있다고 착각하게 만듭니다. 이는 에덴동산에서부터 시작되었고, 이후로 줄곧 이어져 오고 있습니다. 하지만 예수님은 우리를 다시 생명으로, 생명나무로 이끌어가고 계십니다. 그래서 주님의 말씀은 다음과 같은 의미가 있는 것입니다.

"나를 따라오려면 세상의 가치 체계를 떠나 진리를 찾아 따라오너라. 그러나 진리를 위해 너는 큰 대가를 지불해야 할 것이다. 세상은 너를 거절하고 싫어할 것이며 너는 매일 십자가를 짊어져야 할 것이다. 이는 다른 존재로의 대가이고, 조건 없는 사랑의 대가이다. 내가 짊어진 십자가의 작은 한 부분이다. 너는 십자가 앞으로 나올 때, 진정한 네 자신을 찾게 될 것이다. 네 진정한 정체성은 세상에 창조된 그 무엇보다 가치 있다. 나는 내가 창조한 그 어떤 창조물보다 너희 개개인의 프시케를 소중히 여긴다. 나는 네 프시케가 소중하기에 죽었고, 내 말이 진실하다는 것과 그 말의 실체를 보여 주기 위하여 죽었노라."

죽음에 대한 예수님의 가르침은 우리에게 진정한 삶이 무엇인지를 가르쳐 줍니다. 우리는 나 스스로를 믿는 옛 본성을 죽임으로써 내면에 있는 신비를 발견하게 되는데, 그것이 바로 죽음에 대한 가르침입니다.

우리에게는 예수님 안에서 그분의 생명과 함께 뿜어져 나오는 영(spirit)이 존재합니다. 만약 우리가 성령의 인도하심으로 순종하여 우리 삶을 주께 드리면, 우리 영은 우리 혼(soul)에게 세상을 보는 새로운 관점을 가르쳐 줄 것입니다.

우리의 영은 성령의 부르심에 응답할 수 있고 모든 선한 것들을 기뻐할 수 있으며 하나님의 길을 분별할 수 있습니다. 또한 나 자신의 프시케를 잃으면 잃을수록 더 많은 주도권을 가질 수 있습니다. 놀랍게도 정신과 감정, 그리고 의사결정 능력은 우리가 영의 통제 아래 있을 때에 더욱 활기를 얻고 왕성해집니다. 영과 혼, 그리고 몸이 성경적인 순서입니다. 우리는 단순한 프시케의 욕구나 생각, 감정에 쉽게 끌려 다녀서는 안 됩니다. 우리의 영에게 말씀하시는 성령님을 따라야 합니다.

평강의 하나님이 친히 너희를 온전히 거룩하게 하시고 또 너희의 온 영과 혼과 몸이 우리 주 예수 그리스도께서 강림하실 때에 흠 없게 보전되기를 원하노라. 살전 5:23

예수님은 우리가 스스로 프시케를 잃어버리는 선택을 할 수 없는 존재임을 이미 알고 계셨습니다. 그것이 바로 요한복음 14장 3절 말씀이 이토록 감미로운 이유입니다.

가서 너희를 위하여 거처를 예비하면 내가 다시 와서 너희를 내게로 영접하여 나 있는 곳에 너희도 있게 하리라.

주님은 성령의 능력으로 거듭거듭 우리에게 오십니다. 끈질기고 맹렬한 사랑으로 우리를 쫓아다니십니다. 몇 번이고 또 어느 때든지 우리를 다시 그분의 심장 가장 깊은 곳으로 인도하십니다.

사랑은 인내입니다. 사랑은 오래 참습니다. 주님은 우리의 손을 잡으시고 부드럽게 속삭이십니다.

> "너를 나에게로 이끄는 것을 허락하여라. 나는 지금 너와 함께 있지만, 내가 진정 바라는 것은 나 있는 곳에 네가 함께 하는 것이란다. 그러니 이제 네 방법을 버리고 나를 신뢰하여라."

잃어버리는 선택

그날 아버지의 눈빛은 얼마나 낙담하고 실망하셨는지를 역력히 보여 주는 언어였습니다. 하나뿐인 딸이자 맏딸인 저는 몇 개월 후면 저희 가정에서 처음으로 학위를 받을 예정이었습니다. 아버지는 제게 공부뿐 아니라 성공의 기회를 만들어 주시기 위해 평생을 열심히 일하셨습니다. 딸의 대학 졸업을 위해 자신의 안락한 삶을 포기하셨고, 자신이 포기한 삶을 딸이 누리며 살아가길 원하셨습니다.

저희 가정은 항상 작은 세일보트(sailboat)를 갖길 원했습니다. 당시 영국에서 가장 인기 있던 딩기보트회사의 밀러 딩기(Mirror dinghy)를 구입해 언제든 항해를 나가는 것이 저희의 꿈이었습니다. 단, 그것이 실현되기 위한 한 가지 조건은 제가 좋은 직장에 들어가는 것이었습니다.

이제 그 꿈에 한층 다가선 상황에서 저는 아버지에게 "하나님께서 저를 북아프리카로 부르고 계신다"고 말씀드렸습니다. 얼마 안 있으면 받게 될 학위를 포기하고, 그것도 같은 또래의 자매와 함께 바로 북아프리카로 떠나겠다고 말씀드렸습니다. 심지어 저희 파송선교단체는 당시 알려진 곳도 아닌, 청년들이 모여 이제 막 시작한 작은 팀에 불과했습니다.

제 선택으로 인해 아버지는 상처를 받으셨고 그 상처는 분노로 변하여 제게 돌아왔습니다. 아마도 아버지는 이렇게 생각하셨을 것입니다.

'내 딸의 인생을 망치려는 게 분명해. 거짓으로 속여 낭떠러지로 끌고 가는 하나님이란 도대체 어떤 신이지? 완전한 신이 실제로 존재한다면 자신을 믿는 자들에게 가장 좋은 것을 허락해줘야 하는 게 아닌가?'

아버지에게 그때의 상황은 정체모를 누군가가 딸과 같은 청년들을 먹잇감으로 삼아 터무니없는 말로 세뇌시켜서 불법적인 일을 하는 것처럼 보이셨을 것입니다. 저는 어떻게 하면 아버지께 제가 느낀 감동, 경외심, 소명, 그리고 하나님의 크신 사랑을 이해시켜드릴 수 있을까, 어떻게 하면 내 안에 들어와 기도가 된 그들에 대하여 설명할 수 있을까, 어떻게 하면 나를 온전히 받아주시고 용서해주신 주님을, 그리고 조건 없는 사랑으로 내 마음을 사로잡으신 주님을 소개시켜드릴 수 있을까 등 수없이 고민했습니다. 그러나 제 안에는 이 모든 의미를 담아 전할 수 있는 말이 없었습니다. 다만, 가장 명확한 것은 제가 물러서지 않고 계속 밀고 나가야 한다는 것이었습니다.

3년 후에

그로부터 3년 후, 제 눈앞에 은발의 키 큰 외국 신사분이 서 있었고, 이내 아이들이 그의 주변으로 몰려와 감싸 안는 광경이 펼쳐졌습니다. 그는 바로 저희 아버지셨습니다. 아이들은 아버지에게 관심을 받기 위해 경쟁하듯 그의 팔과 바짓가랑이에 거무스름한 손을 밀어 넣으며 바짝 붙어 있었습니다. 아이들에게 둘러싸여 서 있는 아버지의 얼굴에는 웃음꽃이 피어 있었습니다. 잠시 후, 마을 관리자가 와서 아이들을 돌려보내며 아버지께 인사를 건넸습니다.

"우리에게 당신 딸을 보내주어 감사하고 행복합니다."

저는 아버지께 이 말을 통역하면서 얼굴이 붉어졌습니다. 아버지의 방문은 제가 바라고 꿈꿔왔던 것 그 이상으로 좋았습니다. 마을사람들은 저희 부모님을 집으로 여러 번 초대하여 풍성한 식탁을 베풀어 주었습니다. 또한 최고의 예의를 갖춰 환대해 주었습니다. 저희 부모님은 마침내 그 나라 사람들과 사랑에 빠지셨습니다.

그때 한 사람이 밝게 웃으면서 "당신도 부모가 있었군요. 이제 당신도 우리와 똑같은 사람이라는 것을 알았습니다"라고 제게 말했습니다. 이후로 저는 그들과 더 깊은 우정을 쌓아갈 수 있었습니다. 때때로 연약함은 관계를 세워가는데 도움이 됩니다. 현지인들은 제 삶을 가까이에서 지켜보며 저 역시 울고 언쟁하며 조급해하는 연약한 인간임을 알았습니다. 그리고 동시에 용서를 실천하며 살아가는 저를 지켜보며 그들과 달리 연약함에 머물러 있지 않고 주 안에서 관계를 발전시켜가고 있음도 분명히 알았습니다.

어느 날, 한 현지인 친구에게 탕자의 이야기를 들려주었습니다. 주의 깊게 듣던 그는 탕자가 아버지에게 돌아오는 결정적인 순간에 이야기를 끊더니 자신이 다음 내용을 이어갔습니다.

"그리고 아버지는 아들을 때렸고, 때렸고, 또 때렸다."

그러나 이내 이야기의 진짜 결말을 알게 된 그는 아버지의 용서를 통해 큰 감동을 받았습니다. 그리고 그동안 저희가 섬기고 교제해온 다른 친구들처럼 그 용서가 자신을 향한 것임을 깨달았습니다.

지금 저희 아버지는 천국에 계십니다. 결국 아버지의 마음은 딸을 구원하시고 승리로 이끄신 하나님의 사랑에 녹아내렸고, 선교적 삶을 살아가는 딸을 어느 누구보다 지지해주셨습니다.

Chapter 2

안식함

안식의 자리에 열매가 맺히다

심장이 찢기는 아픔 앞에 당신께 매달립니다
나는 당신의 손, 당신의 옆구리를 느낍니다
나는 당신의 품 안에서 평화를 찾습니다
그리고 부드럽게 안아주는 당신의 품 안에서 기뻐합니다
나는 그곳에서 숨을 곳을 찾습니다

바위틈 몸을 숨길 피난처가 되는 그곳
당신의 찢긴 옆구리 그곳
하나님의 방법을 배우는 그곳
당신의 이름을 듣는 그곳
긍휼, 사랑, 그리고 정의가 영화롭게 된 그곳

이 순간 역시 속삭이게 되는 당신의 이름
이 순간 역시 선포하게 되는 당신의 이름
당신이 지나가는 그 순간 나는 듣습니다
그리고 그곳에서 나의 아픔, 나의 고통과 대면합니다
나는 십자가에 못 박히신 분 안에서 용기를 냅니다

나는 당신의 뚫린 심장 안에서 쉼을 얻습니다
당신의 상처가 나를 치유해줍니다
나의 소망이 당신의 이름 안에서 새롭게 샘솟습니다
당신이 베푼 사랑으로, 당신으로 인해 사랑을 알고
더 깊이 당신에게로 빠져듭니다

"나는 스스로 있는 자다,
나는 스스로 있는 자다, 나는 스스로 있을 것이다"
돌보아주시는 주님, 당신이 말씀하십니다
가까이 오라, 의심하지 마라, 온전히 믿으라
지금 이리로 와서 나의 옆구리를 만져보라
그리고 거기서 너의 온전함을 찾으라

주님은 우리를 그분에게로 이끌어 가십니다. 그러면 우리는 그분의 아름우심을 바라보며 그분을 예배하기를 갈망합니다. 그분을 향한 사랑을 증명할 수 있기를 바라고 원합니다. 그러나 한 순간 방심하면 은혜로 시작한 일이 단지 내 헌신을 보여 주려고 애쓰는 모습으로 변질되어 나타날 수 있습니다.

주님의 일하심은 '안식의 자리'에서부터 완성됩니다. 십자가에서 이미 승리하신 주님은 우리 안에서 안식하길 원하십니다. 또한 우리를 주님 안에서 안식하도록 초청하십니다. 오늘도 저는 주어진 삶의 자리에서 나와, 안식의 자리에 서서, 승리의 삶을 위하여 끊임없이 전투를 하고 있습니다. 닻줄이 그 배를 지탱하듯, 제 남은 평생 안식의 자리에 닻줄을 내리고 주의 말씀으로 든든히 세워지기를 원합니다.

하나님의 안식처

솔로몬은 성전 건축을 마친 후에 기도로 성전을 봉헌하고, 그 봉헌기도는 다음과 같이 끝을 맺습니다.

여호와 하나님이여 일어나 들어가사 주의 능력의 궤와 함께 주의 평안한 처소에 계시옵소서. 대하 6:41

참으로 대범한 기도입니다. 이 기도의 취지를 풀면 사실상 다음과 같은 의미일 것입니다.

"전능하신 하나님, 주를 위하여 이 집을 지었으니 이제 일어나 이곳으로 들어오세요. 주께서 이곳에 거하시면서 쉼과 평안을 누리시길 원합니다."

더욱 놀라운 사실은 주께서 솔로몬의 이 대범한 기도를 영광스럽게 여겨 주셨다는 것입니다. 우리는 그것을 뒤에 이어지는 말씀, 즉 하늘에서부터 불이 내려와 번제물과 제물들을 사르고 여호와의 영광으로 가득 채워지는 성전의 모습을 자세히 묘사한 말씀에서 알 수 있습니다. 그리고 그때 온 백성이 주를 예배하였습니다(대하 7:1-3). 여기서 우리는 주님께서 안식하시는 자리에서 우리가 예배하게 된다는 사실을 알 수 있습니다. 이 모든 것이 바로 부흥의 장면입니다.

히브리어 누아크(Nuwach)는 '안식처'를 의미합니다. 안식하는 것, 정착하는 것, 집에서 편히 쉬는 것, 호흡을 가다듬는 것, 긴장을 푸는 것, 조용히 있는 것을 뜻합니다.

우리 모두는 하나님의 성전입니다.

하나님의 성전과 우상이 어찌 일치가 되리요 우리는 살아 계신 하나님의 성전이라 이와 같이 하나님께서 이르시되 내가 그들 가운데 거하며 두루 행하여 나는 그들의 하나님이 되고 그들은 나의 백성이 되리라. 고후 6:16

그러므로 우리도 솔로몬과 같이 "주님, 제게 오셔서 임재하여 주세요. 주님의 안식처로 와주세요"라고 기도할 수 있습니다. 주께서 친히 연약하고 죄 많은 우리 안에 오셔서 안식하시는 그 엄청난 일은 오순절 날 성령 강림으로 일어났고, 지금도 전 세계에서 일어나고 있습니다. 주님은 우리가 세상 한가운데로 그분의 영광을 옮겨놓을 수 있도록 이끄시고 친히 임재하셔서 우리와 함께 누아크 하십니다.

내 안에 안식하라

주님은 우리 안에서 안식하십니다. 그렇다면 반대로 우리는 주님 안에서 안식하고 있나요? 우리가 성령으로 거듭났다고 해서 삶의 모든 순간마다 주의 영광이 흘러나오는 것은 아닙니다.

종종 우리는 복음을 전할 때, "당신 삶에 예수님이 들어오시도록 초청하세요"라고 말합니다. 주님이 우리 삶에 들어오신다는 것은 복음의 놀라운 능력입니다. 이 땅에서 버림받으셨던 예수님은 우리를 결코 고아처럼 버려두지 않으십니다. 우리가 주님을 초청하면 언제든지 와주십니다. 그분은 결코 이 일을 실패하지 않으십니다.

주님은 우리에게 또 다른 요청을 하고 계십니다.

내 안에 거하라 나도 너희 안에 거하리라 가지가 포도나무에

붙어 있지 아니하면 스스로 열매를 맺을 수 없음 같이 너희도 내 안에 있지 아니하면 그러하리라 나는 포도나무요 너희는 가지라 그가 내 안에, 내가 그 안에 거하면 사람이 열매를 많이 맺나니 나를 떠나서는 너희가 아무것도 할 수 없음이라. 요 15:4-5

"주님, 제 마음에 와주세요!"

우리가 이렇게 기도할 때, 주님은 이렇게 물으십니다.

"너도 나의 심장 깊은 곳으로 들어와 줄 수 있니? 내 안에 거하여 주겠니?"

실제로 이 말씀은 어떤 의미일까요? 이를 이해하는 것은 매우 중요합니다. 왜냐하면 위대한 결실을 맺기 위한 열쇠이기 때문입니다.

우리가 주님 안에서 그분과 함께 안식하고 그분의 깊은 곳에 거하기 위해서는 우리도 반드시 그분이 거하시는 곳에 거해야 합니다. 물론 주님은 어디에나 계시지만, 특정한 시간과 특정한 장소에 분명하게 나타나기도 하십니다. 주님은 우리 한 사람 한 사람을 향한 놀라운 계획을 가지고 계십니다. 그리고 우리가 안식할 수 있도록 그분이 계신 곳으로 우리를 초청하십니다.

그러면 주님이 계신 곳은 어디일까요? 지금 당신을 어디로 인도하고 계실까요? 주님은 바로 성령님을 통하여 그분이 계신 안식처로 우리를 인도하고 계십니다.

그러나 진리의 성령이 오시면 그가 너희를 모든 진리 가운데로 인도하시리니 그가 스스로 말하지 않고 오직 들은 것을 말하며 장래 일을 너희에게 알리시리라. 요 16:13

안식의 자리에 머문다는 것은, 주님이 계시는 곳이라면 어디든 적극적으로 따라가고 그곳에 주님과 함께 있기로 결단하는 것입니다. 바로 그곳이 '순종의 자리'입니다. 예수님은 마지막까지 제자들에게 거듭 강조하시며 주의 계명을 지키라고 하셨습니다. 계명을 지키는 것이 곧 그분을 향한 사랑을 표현하는 것이라고 말씀하셨습니다. 그 메시지를 요약하여 우리 안에 새겨넣으면 다음과 같습니다.

"하나님을 사랑하고 네 이웃을 사랑하라"(마 22:37-40).

우리가 이 계명을 지킬 수 있는 유일한 방법은, 우리 위에 계시고 우리를 에워싸고 계시며 우리 안에 거하시는 주님의 사랑을 의지하는 것입니다. 우리는 주님 안에 거해야만 합니다. 그리고 우리 안에 주님이 거하시도록 해야만 합니다.
예수님은 다음과 같이 말씀하십니다.

아버지께서 나를 사랑하신 것 같이 나도 너희를 사랑하였으니 나의 사랑 안에 거하라. 요 15:9

이 말씀을 단순히 언어적 표현으로만 듣는다면 매우 간단한 명령처럼 느껴질 수 있습니다.

"나의 사랑 안에 살고, 나의 사랑을 즐기어라. 나의 사랑 안에 쉼을 누리고, 나의 사랑 안에 네 삶을 구체화하여라."

그런데 이 말씀대로 사는 것은 매우 어려운 일입니다. 결코 쉬운 명령이 아닙니다. 본성적으로 인간은 은혜를 별로 좋아하지 않습니다. 왜냐하면 자신을 스스로 증명하여 나타내고, 자신의 권리를 보장받아 그것을 누리고, 자신의 능력을 발휘하여 인정받는 것을 좋아하기 때문입니다. 은혜 안에 사는 것보다 스스로 만들어 낸 사랑 안에 살아가기를 원하고, 또 그러한 삶을 좋아하기 때문입니다. 그러나 우리 주님은 분명히 말씀하십니다.

"나의 사랑 안에 살아가라. 나의 사랑을 더욱 알아가라. 네 삶을 스스로 계획하지 말고 나의 안에 거하라. 그리하면 네가 무엇을 해야 하고 무엇을 말해야 하는지, 그리고 어떻게 하면 감동적인 삶을 살 수 있는지 가르쳐 주리라."

내게서 배우라

내가 내 자의로 말하는 것이 아니요 나를 보내신 아버지께서

내가 말할 것과 이를 것을 친히 명령하여 주셨으니. 요 12:49

이 땅에서 예수님은 하나님 아버지께 자기 자신을 온전히 드
려 순종하셨습니다. 단 한 번도 자신의 결정에 따라 말씀하시거
나 자기 뜻대로 행하지 않으셨습니다.

내가 진실로 진실로 너희에게 이르노니 아들이 아버지께서
하시는 일을 보지 않고는 아무것도 스스로 할 수 없나니 아
버지께서 행하시는 그것을 아들도 그와 같이 행하느니라. 요
5:19

예수님은 이 땅에 오신 순간, 모든 권세를 내려놓고 자기를
비우셨습니다. 우리를 위하여, 우리의 본이 되시기 위하여 기꺼
이 우리와 같은 연약한 육신으로 이 땅에 오셨습니다.

너희 안에 이 마음을 품으라 곧 그리스도 예수의 마음이니 그
는 근본 하나님의 본체시나 하나님과 동등됨을 취할 것으로
여기지 아니하시고 오히려 자기를 비워 종의 형체를 가지사
사람들과 같이 되셨고 사람의 모양으로 나타나사 자기를 낮
추시고 죽기까지 복종하셨으니 곧 십자가에 죽으심이라. 빌
2:5-8

여기서 주님이 말씀하시는 요점은 우리에게 마음을 새롭게

하라는 것입니다. 즉, 그리스도 예수의 마음을 품으라는 것이고 그 핵심은 '하나님께 순종'하는 것입니다. 예수님은 아버지께서 행하시는 것을 보시고 그대로 행하셨습니다(요 5:19). 그리고 바로 그곳에 우리의 안식의 자리가 있습니다. 예수님은 군중의 강한 요구나 압력 때문에 무언가를 하지 않으셨습니다. 제자들이 주님을 잘 알지 못하고 실패할 때에도 화를 내지 않으셨습니다. 사람들이 그분을 어떻게 생각하는지에 대해서도 전혀 상관하지 않으셨습니다.

예수님은 이 땅에서 30년을 사시는 동안 주목받을 만한 어떠한 행동도 하지 않으셨습니다. 부활이요 생명이셨지만 육신의 아버지 요셉이 죽었을 때, 기적을 일으켜 그를 다시 살리지 않으셨습니다. 그러나 하나님 아버지께서 보여 주시면 바로 죽은 자를 살리셨습니다. 오직 하늘 아버지의 뜻만을 행하셨습니다. 그것이 바로 참된 순종이자 진정한 자유입니다.

> 내가 진실로 진실로 너희에게 이르노니 나를 믿는 자는 내가 하는 일을 그도 할 것이요 또한 그보다 큰일도 하리니 이는 내가 아버지께로 감이라. 요 14:12

예수님이 '아버지께로 가심'으로 인해 지극히 거룩한 처소인 지성소가 우리를 위하여 열렸습니다. 그분의 죽음은 우리로 하여금 은혜의 보좌로 나아가고 사랑의 근원으로 들어가게 하였습니다. 바로 그 일을 행하신 예수님께서 우리에게 말씀하십니다.

"나의 사랑 안에 거하라. 그 안에서 안식하라. 너를 향한 하나님의 뜻 가운데 인도하는 나의 사랑 안에 거하라."

지금 예수님은 우리 스스로의 뜻에 따라 우리 스스로 만들어 놓은 많은 일들로부터 떠나 안식할 수 있는 자리로 나아오라고 우리를 초대하십니다. "나에게 나아오라. 내 안에 거하라. 그리하면 나도 네 안에 거할 것이다"라고 말씀하십니다. 우리가 그 사귐의 장소 안에 거하면 그곳에는 항상 열매가 있을 것입니다.

놀라운 사랑

우리를 향한 예수님의 사랑은 경이롭고 놀랍습니다. 요한복음 15장 9절에서 예수님은 "아버지께서 나를 사랑하신 것 같이 나도 너희를 사랑하였으니"라고 말씀하십니다. 아들 예수 그리스도를 십자가로 이끈 하나님의 사랑은 영원한 사랑을 낳았습니다. 그 사랑은 열정적인 사랑, 타협하지 않는 사랑, 조건 없는 사랑이며 지금도 계속되고 있습니다.

성경은 예수님의 사랑을 다음과 같이 표현하고 있습니다.

모든 것을 참으며 모든 것을 믿으며 모든 것을 바라며 모든 것을 견디느니라. 고전 13:7

주님은 이 사랑 안에 우리를 초대하셔서서 안식을 주십니다. 그리고 우리는 그 사랑 안에서 십자가로 인도되어, 아직 예수님의 사랑을 모르는 영혼들을 위하여 예수님처럼 모든 것을 견딜 수 있는 자가 되었음을 깨닫습니다. 그래서 그곳은 안식의 자리이자 열매 맺는 자리입니다.

어떤 의미에서 보면, 예수님은 구원 사역이 성취되는 바로 그 순간 아무것도 '행하지' 않으셨습니다. 그저 아버지의 뜻에 복종하셨고 사람들이 그분을 끌고가 십자가에 못 박게 하셨습니다. 그렇게 하신 이유는 예수님께서 순종이야말로 안식의 자리로 나아가는 방법이고, 사랑이야말로 승리의 방법임을 믿으셨기 때문입니다.

지금 이 순간에도 예수님은 우리에게 사랑 안에 모든 것을 견딜 수 있는 그곳으로 함께 가자고 하십니다. 그곳은 주를 향한 기쁨과 경외가 넘치는 곳입니다. 주님의 마음을 헤아리기 시작하는 곳입니다. 많은 일들로부터 벗어나 쉼을 누리는 곳입니다.

사랑 안에서의 안식

산상설교 가운데 예수님께서 안식에 대해 가르치시는 내용이 나옵니다.

그러므로 내가 너희에게 이르노니 목숨을 위하여 무엇을 먹을까 무엇을 마실까 몸을 위하여 무엇을 입을까 염려하지 말라 목숨이 음식보다 중하지 아니하며 몸이 의복보다 중하지 아니하냐 … 또 너희가 어찌 의복을 위하여 염려하느냐 들의 백합화가 어떻게 자라는가 생각하여 보라 수고도 아니 하고 길쌈도 아니 하느니라 그러나 내가 너희에게 말하노니 솔로몬의 모든 영광으로도 입은 것이 이 꽃 하나만 같지 못하였느니라. 마 6:25,28-29

이때 예수님은 솔로몬 성전을 떠올리셨을 것 같습니다. 솔로몬 성전의 입구에는 두 개의 기둥이 세워져 있었습니다. 그중 하나는 '그가 세우신다'라는 의미의 '야긴'이고, 다른 하나는 '그 안에 힘이 있다'라는 의미의 '보아스'입니다. 두 기둥은 놋으로 만들어졌고, 기둥꼭대기에는 거대한 백합화 형상과 석류 2백 개가 줄줄이 둘러 조각되어 있었습니다. 또한 기둥 앞에는 놋으로 만든 소 열두 마리가 거대한 놋쇠 '바다'를 받치고 있었습니다(왕상 7:15-26). '바다'는 제사장의 성결 의식 외에 다른 용도로 사용되면 안 되는 것이었습니다.

두 기둥에 조각된 백합은 '안식'과 '신뢰'를 상징합니다. 그리고 석류는 '열매'를, 소는 '사역'을 상징합니다. 우리 몸은 하나님의 성전입니다(고전 6:6,19). 우리는 주님이 주시는 힘으로 하나님의 성전인 우리의 역할을 완수할 수 있습니다.

주님은 기둥 꼭대기에 백합화를 조각하셔서 안식으로 관을 씌우셨습니다. 그것이 바로 주님의 사역입니다. 주님은 확립하여 세우시고 힘을 북돋아 주십니다. 제 삶을 돌아보면, 주님을 섬기기 위해 애쓰다가 스스로 지쳐 쓰러져 얼마나 자주 그곳으로 다시 돌아갔는지 모릅니다.

우리는 주께 나아가려고 발버둥 치며 기도하는 동안에도 얼마나 쉽게 분주해지고 얼마나 쉽게 뒤돌아서는지 모릅니다! 너무 바쁜 일상 때문에 기도마저 정기적으로 해야 하거나 빨리 해치워버리는 일이 되고 말았습니다. 우리는 성전에 거하시는 주께로 나아가 내 안에 그분을 온전히 받아들일 때에야 비로소 안식이라는 '바다'에서 씻을 수 있습니다. 주님은 우리에게 말씀하십니다.

"나에게로 오라. 그리고 나의 안식의 자리에서 씻으라. '스스로 있는 자' 안에 안식하면서 네 자신을 모든 걱정으로부터 씻어내라. 이곳이 바로 예배의 자리이다."

모든 풍성한 열매는 안식으로부터 나옵니다. 백합화 아래 석류가 줄줄이 풍성하게 조각되어 있듯이 말입니다.

예수님은 제자들에게 이렇게 말씀하십니다.

나를 떠나서는 너희가 아무것도 할 수 없음이라. 요 15:5

이것은 우리가 가장 믿기 어려워하는 말씀 중 하나입니다. 왜냐하면 우리 스스로 아주 많은 것을 할 수 있다고 생각하며 살아가기 때문입니다. 그러나 우리는 기억해야 합니다. 오직 주님만이 우리가 해야 할 사역을 가지신 분이고, 우리를 동역자로 부르시는 분입니다(고전 3:9). 흥미롭게도 성전 세부 디자인을 보면, 높은 곳에 백합화가 있고 낮은 곳에 소가 있습니다. 이를 통하여 저는 사역이 바로 안식의 자리에서부터 나온다는 것을 깨달았습니다. 우리는 주님 안에 있는 안식의 자리로 들어갈 때에야 비로소 그분의 사랑을 깨달을 수 있습니다. 그곳에서는 우리 스스로 무언가를 증명할 필요가 없습니다. 주님은 우리를 사랑하시기에 우리를 사랑하십니다.

그런데 아무 저항 없이 십자가에 달려 계신 예수님을 바라보면 실패하신 것처럼 느껴질 때가 있습니다. 마찬가지로 안식으로부터 오는 '사역' 역시 실패한 것처럼 느껴질 때가 종종 있습니다. 사랑 안에 나 자신을 복종시켰는데 오히려 손해만 본 것 같을 때가 있습니다. 그러나 진정한 사랑은 땅에 떨어져 죽어야 하는 씨앗과도 같습니다. 내가 옳다고 믿는 모든 것을 버리고, 무엇으로도 나 자신을 고집하지 않는 것입니다. 예수님의 부활이 증언하고 있듯 사랑은 결코 실패하지 않습니다.

사랑의 눈으로

주님은 성전을 건축한 솔로몬과 언약을 맺으셨듯이 우리와도 언약을 맺으십니다.

내 눈과 내 마음이 항상 여기에 있으리라. 대하 7:16

얼마나 사랑스러운 말씀인지요. 저는 이 말씀을 다음과 같이 표현하고 싶습니다.

"너는 나의 눈과 나의 심장을 가지고 있단다! 나는 결코 너를 떠나지도, 버리지도 않을 거야. 나의 시선은 언제나 널 향해 있고, 네 안의 모든 것을 사랑으로 바라보고 있단다. 지금 우리의 심장이 서로 맞닿아 있으니 네 심장을 나의 심장 리듬에 맞추어 뛰게 하렴. 그러면 내가 널 얼마나 사랑하는지 알 수 있을 거야. 그리고 그때 우리는 우리를 기다리는 세상 밖을 내다볼 수 있을 거야."

다윗 왕은 그의 모든 성공과 모든 책임에도 불구하고 자신에게 가장 중요한 것이 무엇인지 잘 알고 있었습니다.

내가 여호와께 바라는 한 가지 일 그것을 구하리니 곧 내가 내 평생에 여호와의 집에 살면서 여호와의 아름다움을 바라보며 그의 성전에서 사모하는 것이라. 시 27:4

저는 다윗이 이 말씀을 우선순위로 삼고 살았기에 일평생 엄청난 성취를 이룰 수 있었다고 믿습니다. 우리가 주의 영광을 주시하여 바라보면 바라볼수록 더 큰 주의 영광을 볼 것입니다. 그리고 마침내 그 영광이 하늘에서와 같이 땅 위에서도 이뤄지는 것을 볼 것입니다.

안식 안에 멈춰 서기

이스라엘 백성이 약속의 땅으로 들어가려고 요단강 앞에 섰을 때, 주님은 여호수아에게 제사장들로 주님이 현존해 계신 언약궤를 메고 범람하는 강물 안으로 걸어 들어가 가만히 서 있으라고 말씀하십니다(수 3:8). 주님은 제사장들의 발이 요단강 안에서 '안식하게 되는'(누아크) 그때에 흐르던 물이 멈추어 온 백성이 마른 땅 위를 밟고 건너가게 될 것이라고 하십니다.

안식 안에 멈춰 서 있을 때, 하나님의 임재가 임하고 또한 흘러넘쳐 그 안에 잠길 수 있습니다. 주님의 임재는 우리가 그분 안에서 안식할 때에 분명히 나타나고, 안식에 들어가기 위해서는 믿음이 필요합니다. 제사장들은 거센 요단강 물결로 인해 강기슭에 서 있는 것만으로도 떠내려갈 것 같았을 것입니다. 하지만 그들은 믿음으로 언약궤를 어깨에 메고 거친 강물 속으로 걸어 들어가는 선택을 했습니다. 이처럼 이스라엘 민족이 모든 어려움을 통과하고 그들에게 주어진 유업을 성취할 수 있었던 이유는 바로 주님의 임재 안에 '안식'한 사람들이 있었기 때문입니다. 이와 같이 기적과 구원은 안식의 자리에서부터 나옵니다.

우리는 안식 안에서 다시 태어나야 합니다. 우리의 구원은 스스로의 열정으로 이뤄 낸 사역 때문이 아닌, 오직 주의 은혜로 말미암은 것입니다. 우리에게 주어진 과제는 안식 안에 계속해서 머무는 것입니다. 하지만 다음 말씀을 보면, 당시 이스라엘 백성이 안식 안에 계속 머물러 있지 못했음을 알 수 있습니다.

만일 여호수아가 그들에게 안식을 주었더라면 그 후에 다른 날을 말씀하지 아니하셨으리라 그런즉 안식할 때가 하나님의 백성에게 남아 있도다 이미 그의 안식에 들어간 자는 하나님이 자기의 일을 쉬심과 같이 그도 자기의 일을 쉬느니라 그러므로 우리가 저 안식에 들어가기를 힘쓸지니 이는 누구든지 저 순종하지 아니하는 본에 빠지지 않게 하려 함이라 하나님의 말씀은 살아있고 활력이 있어 좌우에 날선 어떤 검보다도 예리하여 혼과 영과 및 관절과 골수를 찔러 쪼개기까지 하며 또 마음의 생각과 뜻을 판단하나니. 히 4:8-12

또한 안식의 자리는 바로 말씀이 왕성하게 활동하는 곳입니다! 말씀은 하나님의 전인격이며 예수님 그분 자신이십니다.

우리가 멈춰 서서 안식하는 바로 그 순간이 주께서 우리를 위하여 일하실 수 있는 때입니다. 하지만 우리를 둘러싼 주변의 많은 상황들이 우리에게 행동을 요구하고, 그 상황에서 우리가 안식의 자리로 들어가는 것은 매우 어려운 일입니다. 가만히 있지 말고 무엇이라도 해야 도움이 되지 않겠느냐는 유혹도 떨쳐내기가 쉽지 않습니다. 차라리 행사를 계획하거나 회의를 계속하는 것이 아무것도 안 하고 쉬는 것보다 더 쉽게 느껴집니다. 주님은 이처럼 안식에 들어가지 못하는 우리를 향하여 말씀하십니다.

> "안식에 들어가도록, 나의 사랑 안에 거하도록 애써보아라. 무언가를 하기 전에 나의 음성을 들으려고 애써보아라. 네가 하는 일들보다 내 마음을 알기 위하여 애써보아라."

안식의 자리에서 우리의 혼은 적나라하게 드러나고 우리의 동기는 꿰뚫리며 우리의 의도는 모두 밝혀질 것입니다. 그러면 그 순간 얼마나 괴로울까요? 그러나 살아 계신 권능의 하나님은 그곳에서 우리를 자유하게 하실 것입니다. 우리에게 이 일을 행하시기 위하여 안식의 자리로 초대하고 계시는 것입니다.

> "나와 함께 대화하자. 나와 함께 걷자. 나와 함께 일하자."

예수님은 당신을 사~~~랑하십니다!

"게일, 예수님은 당신을 사~~~랑하십니다. 당신을 너무나 사~~~랑하십니다!"

이 말을 들었던 당시에 저는 사역자로서 주님을 십 년째 섬기고 있었고, 당연히 주님이 절 사랑하신다는 것도 잘 알고 있었습니다!

다음은 제가 북아프리카의 한 나라에서 사역하고 있을 때의 이야기입니다. 어느 날 문득 제 안에 이집트로 가야겠다는 마음이 생겼습니다. 여행을 위해서가 아닌 주님을 위해서 말입니다. 정확한 목적은 제가 주님과 함께 이집트로 가서, 헌신 된 이집트인들을 만나 그들을 데리고 내가 사역하는 나라, 나의 민족이 있는 이곳으로 함께 돌아오는 것이었습니다. 저는 곧 이집트로 떠났고, 그곳에서 많은 시간을 기도하면서 보냈습니다.

이집트에 세워진 교회들은 억압과 핍박 가운데서도 성장을 멈추지 않았고, 도리어 생명이 새롭게 돋아나고 있었습니다. 정말로 그곳에는 '나와' 함께 '내가' 사역하는 나라, '나의' 민족에게로 가서 복음의 메시지를 전할 주의 종들이 많아 보였고, 분명 누군가가 저와 함께 가게 되리라는 확신이 들었습니다. 그들은 이미 그곳의 언어도 잘 알고 문화도 이해하고 있었으며 북아프리카 전역에서 존경 받는 나라의 사람들이었기에 더할 나위 없었습니다.

하루는 이집트에서 사역하는 어느 단체의 집회에 참석했는데, 도착하자마자 그곳에 새로운 각성이 일어나고 있음을 제 눈으로 직접 보았습니다. 그 지하모임은 누군가가 하나님을 경배하기 위하여 손을 들면 그 손을 다시 내릴 수 있을지 의심이 들 정도로 사람들로 꽉 차 있었고, 그들이 뿜어내는 열기는 그곳을 뜨겁게 달구고 있었습니다. 그들은 몇 시간이고 계속해서 예배를 드렸고, 예배 후에는 어린아이들의 칭얼거리는 소리가 여기저기서 들려왔습니다. 서너 살배기 아이들이 집으로 돌아가기 싫다고, 조금 더 남아 예배를 드리자고 부모를 조르는 소리였습니다. 집회 가운데 많은 사람들이 구원을 받았고 치유를 경험했으며 주님께로 인도되는 등 놀라운 일들이 계속해서 일어났습니다.

바로 그 역사 속에 제가 있었습니다. 그런데 저는 그곳에서 방관자처럼 느껴졌습니다. 경이로운 일들이 바로 내 눈앞에서 이뤄지는데도 그들과 기뻐하지 못했습니다. 제 마음은 온통 '내가' 사역하는 나라, 그곳에 남겨두고 온 '나의' 민족, 아직 주님을 만나지 못한 '나의' 사람들로 가득 차 있었습니다.

솔직히 말해 저는 집회에 모인 사람들에게 강력한 예언의 메시지가 임하길 기대하고 있었습니다. 그래서 그들이 복음이 필요한 땅으로 나아가기를 바랐습니다. 하지만 주님은 그렇게 하지 않으셨고, 저는 그곳에 새로운 각성이 일어나면 일어날수록 원망만 더욱 쌓여갔습니다.

"저들은 자신들이 이런 축복을 받는 이유가 그 축복을 나눠 주기 위해서라는 걸 정말 모르는 건가! 그것도 모르면서 어떻게 주님을 사랑한다고 고백할 수 있지! 어떻게 '그 땅'을 취하겠다고 노래할 수 있지!"

급기야 집회의 책임자를 만나 제 비전을 나누면, 분명히 감동을 받고 저에게 집회 시간에 메시지를 나눌 기회를 만들어 주고, 사람들은 그로 말미암아 일어나 '그 땅'으로 나아가게 될 것이라고 생각했습니다. 그리고 마침내 책임자를 만났습니다.

"아직, 그럴 때가 아닌 것 같습니다!"

'뭐라고 어떻게 그런 말을 할 수 있지? 그럴 때가 아닌 것 같다고! 이런 큰 집회를 책임지는 사람이 예수님에 대해 한 번도 듣지 못하고 매일 죽어가는 사람들의 존재를 알지 못하는 것일까?'

오히려 그는 제게 이 말을 해주었습니다.

"게일, 예수님은 당신을 사~~~랑하십니다."

'도대체 지금 내가 나눈 비전과 이 대답이 무슨 상관이지? 그래, 예수님이 나를 사랑하셔~ 이미 너무 잘 알고 있다고! 왜 내 말은 안 듣고 엉뚱한 대답을 하는 거야!'

그날 밤 저는 좌절 가운데 파묻혀 눈물만 흘렸습니다. 그때 친한 친구가 찾아와 울고 있는 저를 바라보면서 온화하고 따뜻한 목소리로 지금의 제 모습에 대하여 조심스럽게 말을 꺼냈습니다.

"게일, 너는 주님을 사랑하는 것보다 네 사역을 더 사랑하니? 너는 주님을 사랑하는 것보다 네 자신의 위치를 더 사랑하니?"

그 순간, 제 마음이 진정되는 느낌이 들었습니다. 저는 분명 친구의 이야기를 듣고 있었지만 마치 주님의 음성처럼 들렸습니다.

"딸아, 이것은 나의 일이란다. 나는 네 열망보다 더 큰 갈망으로 죽어가는 나의 자녀들을 바라보고 있단다. 이제 네 부담을 내려 놓으렴. 그러면 내 것을 갖게 될 거야."

한참동안 저는 초점 없는 눈으로 침대에 앉아 있었습니다. 그런데 갑자기 제 시선이 오른발에 있는 아주 작은 상처에 고정되어 그 흐릿한 상처만 크게 보이기 시작했습니다. 그 상처는 제가 아주 어렸을 때, 롤러스케이트를 타다가 생긴 것이었습니다.

"나는 네가 언제 다쳤는지를 기억한단다."

저는 주님의 속삭임에 압도당하고 말았습니다.

"온 우주만물을 다스리시는 주님께서 제가 아주 어렸을 때 롤러스케이트를 타다 넘어진 일을 기억하신다고요!"

"게일, 나는 너를 사랑한단다!"

사실 주님의 음성은 특별한 문장이 아니었습니다. 아주 오래전부터 당연히 받아들이고 들어왔던, 또 믿어왔던 문장이었습니다. 또한 마음만 먹으면 언제든 알파벳의 자음과 모음을 조합하여 만들 수 있는 단순한 단어들의 나열이었습니다. 그런데 그때 그 문장은 제게 아주 깊은 친밀감으로 다가왔습니다. 지금까지 없던 전혀 새로운 문장을 발견한듯 신선하고 강한 느낌이었습니다.

"주님이 나를 사랑하신다! 내가 주님을 위해 무언가를 열심히 해서 날 사랑하시는 것이 아닌 나를 있는 모습 그대로 사랑하신다! 내가 주님을 알기 전에도 그분은 나를 사랑하셨다. 그래, 난 늘 사랑받고 있었다!"

이와 동시에 아가서 말씀이 기억 저편에서 떠올라 그 말씀 안에 잠기도록 이끌었습니다. 제 마음 깊은 곳에서부터 신부의 즐겁고 확신에 찬 메아리가 울려 퍼지기 시작했습니다.

내게 입 맞추기를 원하니. 아 1:2

"네, 주님! 주님이 저를 열망하시는 그 열망과 주님이 저를 사랑하시는 그 사랑을 제가 압니다. 지금 제게 오셔서 주님의 숨결을 불어넣어 주세요!"

하나님의 때가 이르렀을 때, 그 집회에 참석한 대다수가 선교사로 헌신하여 '나의' 땅과 여러 나라를 향해 나아갔습니다. 선교지를 향한 그들의 발걸음은 주님을 향한 헌신된 발걸음이었고, 사랑 가운데 자원한 발걸음이었습니다. 그들 중 어느 누구도 죄책감을 느끼게 하는 메시지를 듣고 압박 가운데 헌신을 결정하지 않았습니다.

저는 당시 주님의 마음을 가지고 기도했던 것들이 틀리지 않았음을 알았습니다. 하지만 제게는 주님의 마음에 대한 더 깊은 이해가 필요했고, 비로소 그것을 깨달았습니다.

Chapter 3

경청함

경청의 자리에 하늘이 임하다

떨리는 손을 내밀어 옥합을 깨뜨리는 그녀

기쁨의 꿈 가득 담긴 그녀의 미래가 거친 발을 타고 흘러내립니다

그녀의 기도, 그녀의 사랑, 그리고 이제 막 알게 된 그것

그동안은 몰랐던, 하지만 지금 그녀가 해야만 하는 그것

그녀는 알게 되었고, 그녀는 그것에 이끌려 갔습니다

그분의 얼굴을 마주하는 것만도 감당할 수 없었던 그녀

마주한 눈, 그 시선 깊은 곳에서 깨닫게 하신 만남

생명을 주시는 분, 그녀의 선생님, 그리고 주님

그 입술의 모든 말, 그녀의 심령 깊은 곳에 울림으로 와 닿는 분

그분이 지금 떠나려 하십니다

"그 행동은 낭비야" 이성의 목소리가 조롱과 정죄가 되어 날아듭니다

그 순간 사랑이 담긴 목소리가 모든 행동을 소명합니다

감동 가득, 마음에 벅차오르지만 울 수 없습니다

그분 앞에 앉았던 그들에게 그러셨던 것처럼 그녀에게도

깊고 깊은 그곳으로 불러내어 자유를 주셨습니다

그녀는 그분이 못 박히실 것을 감각적으로 아는 것만 같았습니다
그녀의 사랑으로 흘러내리는 기름에 흠뻑 적셔진 발
그분은 자신의 심장을 뚫고 나갈 창을 부르고 계십니다
냉정하고 완고한 것들에서 새로운 출발을 여는 그 창
우리를 자유롭게 하시기 위해

한 돌이 옮겨지고 그녀의 오라비는 자유를 얻었습니다
그리고 하늘의 손은 또 다른 한 돌을 옮겨야만 했습니다
'다 이루었다!' 세상 모두에게 진리를 알리시기 위하여
사랑은 깨어졌고 창에 찔렸으나 상처와 함께 높아지셨습니다
영광의 상처와 함께!

"나의 사랑 안에 거하라. 네 모든 무거운 짐을 내려놓고 안식할 곳으로 나아오라. 나의 말, 즉 살았고 모든 일을 성취하는 나의 말을 들으라!"

주님은 우리를 부르시며 이렇게 말씀하십니다. 베다니의 마리아는 이 말씀의 비밀을 알고 있었습니다. 그녀는 예수님을 섬기고자 분주하게 움직이며 애쓰기 전에 그분의 음성 듣기를 더욱 갈망했습니다.

그들이 길 갈 때에 예수께서 한 마을에 들어가시매 마르다라 이름하는 한 여자가 자기 집으로 영접하더라 그에게 마리아라 하는 동생이 있어 주의 발치에 앉아 그의 말씀을 듣더니 마르다는 준비하는 일이 많아 마음이 분주한지라 예수께 나아가 이르되 주여 내 동생이 나 혼자 일하게 두는 것을 생각하지 아니하시나이까 그를 명하사 나를 도와주라 하소서 주께서 대답하여 이르시되 마르다야 마르다야 네가 많은 일로 염려하고 근심하나 몇 가지만 하든지 혹은 한 가지만이라도 족하니라 마리아는 이 좋은 편을 택하였으니 빼앗기지 아니하리라 하시니라. 눅 10:38-42

마리아는 아브라함, 모세, 사무엘, 다윗, 그 외의 많은 믿음의 사람들이 그러했듯 그녀 역시 '경청자'였습니다.

시편 기자는 "주의 궁정에서의 한 날이 다른 곳에서의 천 날

보다 나은 즉"(시 84:10)이라고 기록합니다. 참으로 주의 임재 안에서의 단 하루가 천 일을 살아내는 삶과 비교할 수 없을 만큼 귀합니다. 우리는 자주 시간을 의식합니다. 마르다도 그랬던 것 같습니다. 열세 명의 배고픈 남자들이 집에 도착했을 때, 그녀는 먹을 것이 필요함을 인지했고, 그때부터 집안의 모든 시간은 조금도 '낭비'할 수 없을 정도로 바쁘게 흘러가야 했습니다. 저 역시 예수님의 발치에 앉아 시간을 보내는 것보다 '행동함'이 더 나은 선택이라고 은연중에 얼마나 자주 생각하고 앞서 행동하는지 모릅니다. 마리아가 더 좋은 선택을 했음을 잘 알면서도 말입니다. 결국 내가 하는 모든 행동은 내가 무엇을 믿는지를 보여 줍니다.

예수님은 "마르다야 마르다야 네가 많은 일로 염려하고 근심하나"(눅 10:41)라고 말씀하십니다. 사실 저는 해야 할 일을 다 처리하기까지 불안해하며 염려하는 마음이 정당하다고 생각합니다. 마르다를 보아도 보통 죄라고 생각하는 행동과는 거리가 있습니다. 그녀는 분명 좋은 일을 하고자 애썼습니다. 최선을 다해 손님을 대접하려고 분주하고 바빴습니다. 하지만 그 분주함은 그녀에게 가장 필요한 '한 가지 일'을 하지 못하도록 막아서고 있었습니다.

42절에 나오는 "좋은 편"(부분, portion)은 헬라어로 '불안'과 똑같은 어원을 갖고 있습니다. '불안'이란 산만하게 되는 것, 조각나거나 부분으로 나누어짐을 의미합니다. 마르다는 '많은 부분들' 안에서 불안해했고, 마리아는 단 하나의 '좋은 부분'을 택하여 누렸습니다. 불안은 주님의 말씀을 집중해서 들으려는 우리 마음을 직접적으로 공격합니다. 예수님이 바로 앞에 계심에도 불구하고 마르다의 머릿속은 수많은 소음으로 시끄러웠습니다.

'집에 남아 있는 식자재가 뭐지? 어떤 음식을 대접하면 가장 좋을까? 정신이 하나도 없는데 마리아는 도대체 지금 어디에서 뭘 하고 있는 거야?'

마르다 안에 생긴 소음은 그녀의 마음을 사로잡아 자신뿐 아니라 여동생도 예수님과 교제하지 못하도록 막으려 했습니다. 불안은 바로 이러한 고통을 자아냅니다.

우리는 '하나님을 위한 섬김' 혹은 '거룩한 사역'이라는 인정을 받기 전에 먼저 그것이 무엇을 의미하는지 깨닫는 것이 필요합니다. 불안은 과중한 부담을 주고, 결국 고통 속에 빠트려 원망하고 분노하게 만듭니다. 그러나 어느 누구도 우리가 과중한 부담감을 가지고 힘들어 하는 것을 원치 않는다는 사실을 알아야 합니다. 또한 부담감으로부터 스스로 빠져나오는 자신만의 방법을 찾아야 합니다. 만일 불안을 해소하지 못한다면, 자신이 사로잡힌 불안이 다른 이들에게까지 전염되어 그들의 마음마저 불안하게 만들고 주위를 산만하게 만들 수 있습니다.

우리는 나 자신을 불안하게 만드는 요소가 무엇인지 잘 알아야 합니다. 그래야 그것으로부터 돌이키는 선택을 할 수 있습니다. 예수님은 "너희 목숨을 위하여 … 염려하지 말라"(마 6:25)고 말씀하십니다. 우리는 너무 많은 일로 염려하다가 정말 중요하고 꼭 필요한 한 가지 일을 놓치는 잘못을 저질러서는 안 됩니다.

그런즉 너희는 먼저 그의 나라와 그의 의를 구하라 그리하면
이 모든 것을 너희에게 더하시리라. 마 6:33

이 말씀이 바로 마리아의 모습이었습니다. 현대의 일상은 매우 빠르게 지나가고 수많은 요구들로 가득 차 있습니다. 세상 사람들은 오늘 무엇을 먹고 마시며 입어야 하는지 그 답을 찾아다니며 수많은 선택을 합니다. 하지만 우리 앞에는 그들과 다른 선택권이 주어져 있습니다.

경청이 겸손으로

행동으로 옮기기 전에 상대방의 말을 들으려고 기다리는 것은 "당신이 나보다 더 잘 알고 있습니다"라고 겸손하게 말하는 것과 같습니다. 전능하신 하나님이 우리보다 더 많이 알고 계시다는 것은 당연한 진리입니다. 모두 이 말에 동의할 것입니다. 그러나 인간은 선악을 알게 하는 지식의 나무 열매를 먹은 이후로 자신이 무기력한 상태가 되는 것을 인정하기 싫어하고 불편해하기 시작했습니다. 늘 자신이 알아야 하고 이해해야 하며 통제해야 한다고 생각하게 되었습니다.

우리는 예수님의 말씀을 듣기 위하여 잠잠히 기다릴 때, 나 자신의 부족함을 깨닫고 주님 없이는 내가 아무것도 아닌 존재임을 알게 됩니다. 그것을 아는 지혜는 우리의 교만을 베어냅니

다. 진정 주님께서 말씀하지 않으시면 우리는 아무 말도 할 수 없고, 주님께서 무엇을 할지 보여 주지 않으시면 우리는 철저히 쓸모없는 존재입니다.

하지만 잠잠히 기다리는 그 무기력한 자리에서 끝까지 버텨내면, 우리는 엄청난 자유를 발견하게 됩니다. 세례 요한은 그 자리를 발견했고, 그 자리로부터 넘쳐흐르는 기쁨을 맛보았습니다.

> 하늘에서 주신 바 아니면 사람이 아무것도 받을 수 없느니라.
> 요 3:27

그 자리에서 충만한 기쁨을 누린 세례 요한은 하나님의 왕국 안에서 자신에게 맡겨진 역할을 기꺼이 받아들였습니다. 이로써 그는 모든 시기심과 부담감으로부터 벗어났고, 예수님이 행하신 일만으로도 기뻐할 수 있는 자유를 얻었습니다. 그에게 맡겨진 사명은 자신을 드러내는 것이 아닌, 오직 주님 안에 거하는 일이었기 때문입니다.

기도의 중요한 요소인 경청의 자리로 들어갈 때, 우리는 너무 많은 생각과 불안, 그리고 모든 계획을 조목조목 다 말해야 한다는 조급한 마음을 조용히 시킬 필요가 있습니다. 물론 잠잠히 기다리기만 하는 것이 불가능하게 느껴질 때도 있습니다. 저는 이렇게 모든 것을 내려놓고 조용히 기다려야 할 때, 성경을 소리 내어 천천히 읽습니다. 그리고 그 말씀의 의미를 제 안에 담으려고 노력합니다. 그 방법이 제게 도움이 된다는 것을 발견했고, 또 그렇게 함으로써 균형 있는 관점이 생겼습니다. 내면에 폭풍 같이 휘몰아치는 감정들이 잠잠케 되는 경험을 했습니다.

만약 성경을 소리 내어 읽으면서 그 의미를 내 안에 담고자 노력한다면, 당신의 혼과 영이 매우 크게 느껴질 것입니다. 반면, 당신의 혼과 영이 불안으로 가득 차 있다면, 하나님의 말씀을 받을 공간이 없을 것입니다. 그래서 우리는 불안과 함께 수반되어 따라오는 모든 것을 비워내고, 주께서 말씀하실 수 있도록 내면의 자리를 확보해놓아야 합니다.

저는 마리아를 바라보시는 예수님을 상상해봅니다. 예수님은 그분의 발아래 앉아 경청하는 마리아를 따뜻한 시선으로 주목하여 바라보셨을 것 같습니다.

오늘도 주님은 우리와 함께 하기를 열망하십니다! 그리고 우리를 그분의 임재 가운데로 초청하십니다. 우리는 내가 원하고 바라는 무언가를 받기 위해서가 아닌, 단순히 주님을 사랑하기에 그 사랑을 위하여 경청의 자리로 나아가야 합니다. 마리아가 앉았던 자리에 나 자신을 앉히는 순간, 주님은 그분의 마음을 풀어 주실 것입니다. 그저 조용히 앉아 주님께서 얼마나 놀라운 분이신지 묵상하는 것만으로도 위대한 일이 될 것입니다. 친한 친구 사이에 항상 말이 필요한 것은 아니듯 말입니다.

묵상

묵상은 하나님께서 그분의 백성에게 주신 아주 큰 선물입니다. 그래서 사탄은 우리에게서 그 선물을 빼앗아 가려고 호시탐탐 노리고 있습니다.

많은 사람들이 '묵상'이라고 하면 동양종교를 떠올립니다. 일반적인 종교와 학문에서는 묵상을 '자기 자신을 비우는 일'이라고 가르칩니다. 하지만 성경적 묵상은 이와 정반대로 하나님께서 우리 자신을 그분의 말씀으로 채우도록 초청하시는 일입니다. 예수님은 이렇게 말씀하십니다.

너희가 내 안에 거하고 내 말이 너희 안에 거하면 무엇이든지 원하는 대로 구하라 그리하면 이루리라. 요 15:7

사도 바울 또한 이렇게 말합니다.

그리스도의 말씀이 너희 속에 풍성히 거하여. 골 3:16

성경은 하나님의 말씀을 묵상하는 삶에 대하여 자주 언급합니다. 여호수아는 말씀을 묵상하고 지켜 행하면 형통하게 되리라는 약속을 받았습니다(수 1:8). 다윗은 시편의 여러 구절을 통하여 말씀 묵상에 대하여 언급했습니다(시 1:1-3, 48:9, 77:12, 119:15,23,48,78,97,99,148, 143:5, 145:5).

성경에서 '묵상'으로 번역되는 단어들은 다음과 같습니다. 깊이 생각하기(to muse), 깊이 있게 사귀기(to commune), 속삭이며 말하기(to murmur), 상상하기(to imagine), 생각을 쏟아내기(to pour forth thoughts) 등입니다. 각각의 단어들이지만 모두 같은 의미를 가지고 있습니다. 앞에서 열거한 단어들이 가진 의미가 묵상이라면, 우리는 이미 매일 묵상을 하고 있습니다. 단, 우리가 선택해야 할 것은 '무엇에 대해 묵상하기 원하는가?'입니다. 잘못된 것을 묵상하면 불안과 스트레스만 얻습니다.

말씀을 묵상하여 깨닫는 데 천재적 능력이 필요한 것은 아닙니다. 주님의 음성만 들으면 됩니다. 사탄도 이것을 알기에 그 순수한 의미를 변질시키고자 계속해서 우리를 미혹합니다.

오늘날 우리가 마리아처럼 실제로 예수님의 발아래 앉아 있을 수는 없습니다. 하지만 주님과 함께 말씀을 묵상하면 우리는 영적으로 주님의 발아래, 바로 그 자리에 앉을 수 있습니다.

묵상의 근원

근원이 되는 무언가를 알고 싶을 때에 도움이 되는 방법은 그것이 최초로 언급된 성경구절을 찾아보는 것입니다. 성경에서 '묵상'이 최초로 언급된 곳은 창세기입니다.

이삭이 저물 때에 들에 나가 묵상하다가 눈을 들어 보매 낙타

들이 오는지라. 창 24:63

이삭은 최초로 묵상한 사람입니다. 그는 묵상 중에 눈을 들어 저 멀리서 오고 있는 자신의 신부를 보았습니다. 이에 관한 전체적인 내용을 주의 깊게 살펴보면, 하나님 아버지의 모습을 그대로 담고 있는 아브라함을 만날 수 있습니다. 그러한 모습의 아브라함은 성령의 모습을 담고 있는 그의 종을 보내어 그리스도의 모습을 담고 있는 아들과 같은 혈통의 신부를 찾게 합니다. 이삭은 아버지를 신뢰했고 신부를 소망하며 기쁨 가운데 기다렸습니다.

이와 같이 예수님도 자신의 신부를 열망하십니다. 그리고 묵상 중에 앉아 있는 우리를 눈여겨 바라보십니다. 예수님은 하나님 아버지께 모든 민족과 나라 가운데 자신과 같은 왕의 혈통을 가진 신부를 찾아오도록 성령을 보내 달라고 요청하셨습니다. 오직 그분만을 사랑할 순결한 신부를 찾기 위해서 말입니다. 그렇다면 지금 당신도 주님과 같은 열망을 가지고 있나요? 당신의 사랑하는 용사를 묵상하고 있나요?

묵상하는 방법

어떻게 성경말씀을 묵상할 수 있을까요? 저는 주된 세 가지 방법이 있다고 생각합니다. 단연 그중에서 가장 보편적이고 가장 좋은 방법은 '믿음으로 읽는 것'입니다. 그러면 어느 순간, 유독 시선을 사로잡고 마음에 와 닿는 말씀이 있습니다.

두 번째 방법은 성경을 공부하는 것입니다. 성경을 책별로 공부하거나 주제별, 인물별로 깊이 탐구하는 것입니다. 그것은 '로고스'(logos), 곧 하나님의 말씀 전체가 전하는 메시지를 붙드는 데 도움이 되는 필수적인 방법입니다.

세 번째 방법은 성경을 읽으면서 마음에 와 닿는 '단어'를 묵상하는 것입니다. 이는 묵상과 공부를 함께 하는 방법이라고도 할 수 있습니다. 묵상하는 것에 대하여 '말씀을 꼭꼭 씹어 먹는 것'으로 표현할 수 있는데, 욕심으로 한입 가득 크게 베어 물면 도리어 영적 소화불량에 걸릴 수 있습니다. 그러므로 하나님의 강력한 말씀 안에서 의미와 생명을 이끌어 내려면 반드시 '작은 한 입'을 물어야 하고, 아주 천천히 꼭꼭 잘 씹어야 합니다.

종종 우리는 하나님의 말씀을 잘 알고 있다고 스스로를 속이곤 합니다. 하지만 매일 말씀을 잘 씹고 소화하여 삶에 적용하지 않는 한, 그 말씀은 단지 지식에 불과하고 스스로를 속이는 것에 불과합니다. 우리는 진정한 묵상을 하기 위하여 하나님의 말씀에 작은 한 부분, 즉 한 절이나 한 구절, 한 단어가 내 마음에 머물 수 있도록 굳게 붙잡아야 합니다.

하나님의 말씀은 살아 움직이므로 우리는 아주 곰곰이, 그리고 깊이 생각하면서 다음과 같이 질문해야 합니다.

"주님, 말씀 가운데 주신 이 단어를 통하여 제게 말씀하시고

자 하는 것은 무엇인가요? 오늘 제 삶을 어떻게 바꾸길 원하
시나요?"

우리는 이와 같이 질문을 통하여 주님과 대화를 시작할 수 있
습니다.

때론 성경의 한 구절을 읽을 때, 이전에 들었던 설교나 주님
이 내게 말씀하셨던 순간이 기억나기도 합니다. 하지만 지금 이
순간 하나님의 음성을 듣고 새로워지길 원한다면, 먼저 내 안에
가득 차 있는 생각부터 비워내야 합니다. 그것이 하나님의 음성
을 분명하게 듣는 가장 좋은 방법입니다. 주의 말씀은 능력이 있
기에 묵상 훈련을 꾸준히 하면 다양한 방법들로 끊임없이 새롭
게 말씀하시는 주님을 만날 것입니다.

묵상은 우리 '머리'에 자리 잡은 무언가를 '가슴'으로 옮기는
것입니다. 그 과정은 생각의 움직임이라기보다 영의 움직임입니
다. 물론 성경을 공부하고 알아가는 과정도 중요하지만, 묵상은
내가 성경을 얼마나 잘 알고 공부해왔는지와는 전혀 다른 부분
입니다. 지금 바로 예수님을 알게 된 사람에게도 하나님의 말씀
을 먹일 수 있는 방법입니다.

제가 '아버지'라는 단어를 붙들고 묵상한 시간들은 제 삶에
아주 심오한 영향을 끼쳤습니다. 그때 저는 처음으로 아버지이
신 하나님을 만났습니다. 그리고 아버지로서의 하나님께 반응하
며 살아가기 시작했습니다. 온 우주를 다스리시는 하나님이 바
로 '나의 아버지'가 되신 것입니다!

또한 묵상은 모두의 성경말씀을 '나의' 말씀으로 바꿉니다. 사도 바울 역시 '나의' 복음이라고 고백했습니다(롬 2:16, 16:25 ; 딤후 2:8). '나의' 복음이라고 한 바울의 고백은 그가 배타적이라서가 아니라 오랫동안 자신을 변화시켜온 개인적 계시의 말씀을 기념하여 표현한 것이었습니다. 저는 그가 분명히 이사야 49장 6절을 묵상했을 것이라고 생각합니다.

> 네가 나의 종이 되어 야곱의 지파들을 일으키며 이스라엘 중에 보존된 자를 돌아오게 할 것은 매우 쉬운 일이라 내가 또한 너를 이방의 빛으로 삼아 나의 구원을 베풀어서 땅 끝까지 이르게 하리라.

이 말씀은 이스라엘 민족을 향해 기록된 약속의 말씀으로 여기서 '너'는 민족을 의미하는 복수형입니다. 하지만 사도행전 13장 47절에 나오는 바울의 간증은 민족을 의미하는 복수형이 아닌 자신을 향한 개인적인 단수형으로 표현됩니다.

> 주께서 이같이 우리에게 명하시되 내가 너를 이방의 빛으로 삼아 너로 땅 끝까지 구원하게 하리라 하셨느니라 하니.

하나님께 받은 이 약속의 말씀은 바울로 하여금 예전의 삶으로 다시 돌아갈 수 없도록 만들었습니다. 또한 그의 전 생애를 변화시켰으며 그가 가는 길에 안내자가 되었습니다.

제 인생 최고의 선물 중 하나, 그것은 바로 묵상을 통하여 깨닫고 그 말씀대로 살아가는 방법을 찾은 것입니다. 당시 제가 소속되어 있던 선교단체의 대표 롤랜드 에반스(Rowland Evans)는 우리를 '군대식'으로 훈련시켰습니다. 특히, 말씀 한 구절을 붙들고 단어 하나하나 깊이 묵상하도록 했습니다.

저희는 매일 아침 8시가 되면 그의 작은 사무실 바닥에 앉아 어제 묵상한 말씀을 나누었습니다. 하루는 요한복음 14장 14절 말씀인 "내 이름으로 무엇이든지 내게 구하면 내가 행하리라"(If you ask anything in My name, I will do it.)에서 첫 단어인 'If'(만약, 영어성경의 첫 단어)에 대해서만 나누었습니다. 오로지 'If'만으로 하나님이 우리에게 무엇을 말씀하시는지에 대하여 각자의 묵상을 깊이 있게 나누었습니다. 처음에 저는 그 방법이 너무 힘겨웠습니다. 매 순간 몸부림치면서 해야 했습니다. 그것이 나의 묵상 방법으로 세워지기까지 오랜 시간이 걸렸습니다.

롤랜드는 계속해서 강조했습니다.

"무언가를 만들어 내려 하지 말고, 그냥 자신에게 솔직해지십시오. 하나님께서 각자의 영혼에 떨어뜨려 주시는 것이 무엇인지 귀 기울여 들으십시오."

저희는 점차 그 방법 안에서 길을 찾아가기 시작했습니다. 물론 처음에는 저희 대부분이 영으로 반응하는데 익숙하지 않았고, 저는 더욱 그러했습니다. 그런데 어느 순간 짧은 한 단어가 제 안에 잠재되어 있던 세계를 활짝 열어 주었습니다. 주님은 저를 끊임없이 이어지는 질문 속으로 초대하셨고 제 생각을 표현하길 원하셨습니다.

이에 더하여 롤랜드는 온종일 묵상할 수 있도록 매 시간마다 하던 일을 멈추고 그날 묵상하고 있는 구절을 몇 분 동안 곱씹게 했습니다. 그 훈련을 통해 지금 저는 다른 일을 하면서도 묵상을 계속 할 수 있게 되었고, 많은 일들로 인해 주님과의 교제를 방해받지 않게 되었습니다. 종종 우리는 의식하지 않아도 무심결에 걱정을 하고 그러면서도 맡은 일을 충분히 해냅니다. 이처럼 '걱정'이라는 부정의 단어를 긍정으로 바꾸어 생각하면 됩니다. 즉, 당신도 다른 일을 하면서 무의식적으로 묵상을 계속할 수 있습니다.

제게 놀라운 선물이 된 이 묵상 방법은 이제 제 삶의 중심이 되었습니다. 주님은 제가 말씀을 곱씹을 때마다 그분 자신을 계시하여 주십니다.

계시

묵상으로는 신학적 지식을 말할 수 없습니다. 묵상은 개인적인 계시이며 그것은 말씀으로 숨 쉬게 하시는 주님과의 친밀한 관계로 우리를 이끕니다. 예수님은 "사람이 떡으로만 살 것이 아니요 하나님의 입으로부터 나오는 모든 말씀으로 살 것이라"(마 4:4)고 우리에게 말씀하십니다.

헬라어로 '로고스'(logos)와 '레마'(rhema)는 서로 다른 말이지만 보통 '말씀'이라는 하나의 단어로 번역됩니다. 이유, 목적, 말씀이라는 의미의 로고스는 곧 하나님의 모든 말씀, 곧 성경을 의미하고, 또한 예수님 그분의 이름을 가리킵니다.

> 태초에 말씀(로고스)이 계시니라 이 말씀(로고스)이 하나님과 함께 계셨으니 이 말씀(로고스)은 곧 하나님이시니라. 요 1:1

우리는 로고스가 예수님의 인격이며 우리에게 주시는 놀라운 선물인 성경이라는 것을 알아야 합니다.

레마 역시 문자 그대로 (숨을 내쉬는 것과 연관된) '말씀'을 의미합니다. 예수님께서 "사람은 하나님의 입으로부터 나오는 '말씀'으로 산다"고 하셨을 때, 여기서 나오는 '말씀'이 바로 레마를 가리킵니다. 성경은 우리에게 "믿음으로 살라"고 권면하면서 레마를 말합니다.

> 그러므로 믿음은 들음에서 나며 들음은 그리스도의 말씀(레마)으로 말미암았느니라. 롬 10:17

하나님의 말씀을 연구하는 것은 로고스를 공부하는 것입니다. 이때는 문맥 이해가 필수이고 개관을 아는 것도 매우 중요합니다. 반면, 묵상하는 것은 하나님의 '레마'를 깨닫고 듣는 것입니다. 그렇다고 '레마'를 깨닫는 것이 로고스와 충돌하는 것은 아닙니다. 아니, 절대로 충돌하지 않습니다.

묵상은 하나님의 말씀을 먹고 그분의 음성을 듣기 위하여 자기 자신을 여는 놀라운 일입니다. 우리의 사랑하는 용사 주님은 우리에게 더 많은 이야기들을 들려주고 싶어 하십니다.

우리의 준비된 처소

베다니의 마리아는 '레마'의 말씀으로 묵상하는 방법을 알았습니다. 그 이유는 예수님께서 그분의 발아래에 그녀를 위한 자리를 준비해두셨음을 깨달아 알고 있었기 때문입니다. 그녀는 복음서에 등장하는 순간마다 어김없이 주의 발아래에 앉아 있었습니다. 우리도 마리아처럼 예수님의 말씀을 듣기로 결심하는 순간, 주님이 준비해두신 그 자리, 전투 중일지라도 언제든지 그분 앞에 나아갈 수 있는 그 자리가 있음을 깨닫게 될 것입니다.

성경을 읽다 보면, 우리는 베다니의 마리아를 세 번 만납니다. 첫 번째는 예수님의 발아래 그분의 말씀을 듣고 있는 마리아(눅 10:39), 두 번째는 주님의 발 앞에 엎드려 애통해하는 마리아(요 11:32), 그리고 세 번째는 주님의 발에 향유를 붓는 마리아(요 12:3)입니다. 그녀를 위하여 준비된 그 자리는 헌신의 자리, 애통의 자리, 그리고 예배의 자리였습니다. 매 순간 마리아는 주님께 나아가야 한다는 사실을 알았고, 결코 그분에게서 돌아서거나 떠날 수 없다는 사실도 알았습니다.

실망

변함없이 세밀하고 따뜻한 음성으로 속삭여 주시는 주님의 음성에도 불구하고, 때론 그 음성을 듣지 못하도록 막아서는 무언가가 있습니다. 그중 하나가 내 안에 답을 정해놓고 그 답을 듣기 원하는 마음입니다. 이것은 마리아와 마르다의 오빠 나사로가 병 들었을 때에 아주 잘 나타납니다.

마리아와 마르다는 나사로를 살리기 위해 예수님이 계신 곳으로 바로 사람을 보냈습니다. 그들은 예수님이 오셔서 나사로를 고쳐 주실 것이라 굳게 믿고 그분이 오시기만을 기다리고 또 기다렸습니다. 그러나 주님은 나사로가 죽는 그 순간까지 나타나지 않으셨습니다.

당신도 그들과 같은 믿음의 자리에 서본 적 있나요? 우리 역시 주님을 알고 그분의 약속과 응답하심을 믿습니다. 그런데 그 믿음의 기다림 끝에 주님이 나타나지 않으신다면, 얼마나 막막하고 낙심되며 실망과 혼돈으로 가득해질까요?

아마도 마리아와 마르다는 예수님이 마땅히 자신들에게 오셨어야만 했다고 생각했을 것입니다. 요한복음 11장을 보면 이에 대하여 알 수 있습니다. 그녀들은 각각 서로 다른 시간에 예수님을 만났지만 그분께 건넨 첫마디는 정확히 일치했습니다.

주께서 여기 계셨더라면 내 오라버니가 죽지 아니하였겠나이다. 요 11:21,32

그녀들이 정말 하고 싶었던 말은 이것이었을 것입니다.

"여기로 빨리 오셔서 우리와 함께 계셨어야 했어요. 나사로를 치료해주셨어야만 했다고요. 그런데 왜 바로 오지 않으셨나요?"

예수님을 만난 순간, 그녀들은 각자의 슬픔과 실망을 담아 똑같은 말을 했고, 결론적으로 그 말은 예수님이 잘못하셨다는 의미를 담고 있었습니다.

만약 우리가 이와 같은 상황이었다면 어떠했을까요? 물론 그녀들처럼 비난과 원망의 단어를 쏟아내지 않기 위해 의식적으로 노력했을 것입니다. 그러나 솔직한 마음의 언어로는 "주님은 왜 그 상황에서 가만히 계셨나요? 주님은 바로 응답해주셨어야 했어요. 답을 주셨어야만 했다고요!"라고 고약한 말을 내뱉었을 것입니다.

이러한 상황에서 마리아와 마르다, 그리고 우리 모두에게 불현듯 스치는 공통된 생각이 하나 있습니다. 그것은 '~했어야만 했다'라는 생각입니다. 예수님은 우리를 위해 무언가를 하셨어야 했습니다. 그러나 이러한 생각은 예수님께서 진정 원하시는 일에 동참할 기회의 가능성마저 봉쇄시켜 버립니다. 또한 분노와 절망, 비통한 마음은 예수님과의 관계를 가로막는 장애물이 됩니다.

예수님께서 오셨을 때, 마르다와 마리아는 그분께로 뛰어갔습니다. 비록 주님을 탓하고 원망했을지라도 늘 그랬던 것처럼 지체하지 않고 그분께로 갔습니다. 그녀들은 각각 주님과 만나 대화를 나누었고 그분의 말씀에 집중했습니다.

여기서 우리는 그녀들의 성향을 따라 가장 좋은 방법으로 만나주시는 아름다운 예수님의 모습을 볼 수 있습니다. 마리아와 마르다는 자매였지만 서로 너무 다른 성격과 삶의 방식을 가지고 있었습니다. 예수님은 그들의 고유한 성향을 존중해주셨고 각자에게 맞는 방법으로 다가가 주셨습니다.

마르다는 생각하는 사람인 동시에 바로 행동하는 사람이었습니다. 또한 그녀는 매우 비통하고 혼란스러운 상황 가운데서도 주님께 "나는 이제라도 주께서 무엇이든지 하나님께 구하시는 것을 하나님이 주실 줄을 아나이다"(요 11:22)라고 고백하는 믿음의 여인이기도 했습니다.

마르다는 진리의 말씀을 붙잡았고, 예수님은 그녀가 믿는 진리 안에서 실상을 붙잡을 수 있도록 그녀의 마음을 열어 주셨습니다. 예수님은 그녀에게 그분이 실재하시는 부활과 생명이라고 말씀하셨습니다.

나는 부활이요 생명이니. 요 11:25

그러나 마르다의 생각의 크기는 예수님이 말씀하시는 온전한 의미를 담기에 부족했습니다. 그 말씀은 이해가 아닌, 오직 믿음으로만 붙잡을 수 있는 진리였습니다. 그럼에도 마르다는 하나님이신 주님을 선포했고, 주님이 무엇을 말씀하시든 그것이 진리임을 선포했습니다. 마르다는 그렇게 주님을 선포하는 믿음 안에서 그분이 허락하신 '평안의 자리'로 다시 돌아가 앉을 수 있었습니다.

> 주여 그러하외다 주는 그리스도시요 세상에 오시는 하나님의
> 아들이신 줄 내가 믿나이다. 요 11:27

예수님은 나사로를 살리시기 전에 슬픔으로 가득한 마르다의 마음 한가운데로 다가가셔서 그녀가 믿음으로 안식의 자리에 들어가도록 이끌어 주셨습니다.

반면, 마리아를 만나신 예수님은 이와 다른 모습이었습니다. 그녀는 마르다와 달리 이해하는 것보다 가슴으로부터 느끼는 것이 중요했습니다. 어쩌면 마리아는 마르다보다 더 큰 아픔을 느꼈을지도 모릅니다. 예수님께서 그녀의 간청을 무시한 것처럼 느꼈을지도 모릅니다. 왜냐하면 그녀는 늘 예수님과 친밀함의 자리에 있었기 때문입니다.

성경은 예수님이 마을에 도착하신 순간, 마르다만 마중을 나왔다고 기록하고 있습니다. 상심에 빠진 마리아는 그 자리에 없었습니다. 하지만 주님이 그녀를 부르신다는 소식을 들었을 때, 마리아는 즉시 일어나 주께로 달려갔습니다. 사랑은 불꽃입니다. 내 상황을 박차고 나가 '용납의 자리'로 나아가게 만드는 불꽃입니다. 즉, 사랑은 우리의 마음을 어루만지시려고 다가오시는 주님을 온전히 용납하고 받아들이도록 만드는 불꽃입니다.

마리아는 예수님을 사랑했고, 자신이 그분께 사랑받고 있다는 것도 잘 알고 있었습니다. 그녀는 예수님 앞에서 울었고, 그분은 하염없이 우는 마리아를 바라보기만 하실 뿐 아무 말도 건네지 않으셨습니다. 그리고 그녀가 이해할 수 있는 방법으로 그분의 마음을 열어 보이셨습니다. 바로 눈물로 말입니다.

예수께서 눈물을 흘리시더라. 요 11:35

성경은 이때 예수님의 심령을 "비통히 여기시고 불쌍히 여기사"(요 11:33)라고 표현하고 있습니다. 여기서 "비통히 여기시고"를 헬라어 원어로 보면 '화나다', '분노하다'라는 의미입니다. 일반적으로 우리는 '화나다', '분노하다'와 같은 단어를 사용하면서 눈물을 흘리는 슬픔 감정을 이야기하지 않습니다. 하지만 예수님은 지금 이 두 가지 전혀 다른 감정을 동시에 표현하고 계십니다. 즉, 하나는 하나님의 아들로서 자신의 친구를 죽게 만든 죽음의 영에 대한 표현이었고, 다른 하나는 그분에게 마음을 열어 보여 준 마리아를 향한 표현이었습니다.

여기서 우리는 슬픔에 잠기신 예수님의 음성을 들을 수 있습니다. 고통 받는 자들에게 긍휼한 마음으로 다가가셔서 그분과 함께 우는 자리로 나아오라 초대하시는 음성을 들을 수 있습니다. 그리고 분노하시는 예수님의 음성도 들을 수 있습니다. 그 음성은 생명을 빼앗으려고 호시탐탐 노리는 적을 향한 외침입니다. 우리의 사랑하는 용사 되시는 주님은 우리에게 이렇게 도전하십니다.

> 내 말이 네가 믿으면 하나님의 영광을 보리라 하지 아니하였
> 느냐. 요 11:40

또한 우리 주님은 돌이 옮겨진 무덤 앞으로 우리를 초대하십니다. 그리고 함께 '부활이요 생명인' 그분에 대하여 나누고 선포하기를 원하십니다.

깊음이 깊음을 향하여

성경에서 베다니의 마리아가 마지막으로 등장하는 장면은 그녀가 일말의 고민 없이 즉각적으로 예수님의 발에 향유를 붓는 모습입니다. 아마도 마리아는 예수님께서 나사로를 다시 살리셨을 때, 그분께 완전히 압도당했을 것입니다. 그렇다 하더라도 마지막 등장에서 그녀가 보인 행동은 단순한 감사 이상입니다.

마리아는 온 마음으로 경청하는 자였습니다. 어쩌면 우리 믿는 자가 구해야 할 가장 귀한 은사는 진심으로 경청하며 듣는 은사일 것입니다. 우리는 들을 때에야 비로소 보게 됩니다. 예수님의 사랑하시는 제자 요한도 '듣는 자'였습니다. 요한에게 안식의 자리는 "예수님의 가슴에 그대로 의지하여"(요 13:25) 앉아 있는 바로 그 자리였습니다. 그곳은 가장 개인적이면서도 주님과

친밀한 장소였습니다. "아버지 품속에 있는 독생하신 하나님"(요 1:18), 즉 아버지 품속 가장 개인적이고 친밀한 장소에 앉은 이가 예수님이시고, 그분의 품에 기대어 안식한 자가 바로 요한이었습니다.

밧모섬에서 주님께 계시를 받은 요한은 이렇게 말합니다.

> 몸을 돌이켜 나에게 말한 음성을 알아 보려고 돌이킬 때 … 보았는데. 계 1:12

요한은 듣는 것을 가장 우선시하고, 또한 먼저 들어야 다른 많은 것들을 볼 수 있는 사람이었습니다.

예수님의 음성을 듣는 것은 항상 계시로 인도받습니다! 마리아 역시 들었기에 계시를 받을 수 있었습니다. 비록 그녀가 당시에는 그 계시가 정확히 무엇을 의미하는지 몰랐을지라도 그녀의 영(spirit)은 정확하게 느끼고 반응하여 행동했습니다. 마리아는 예수님께서 앞으로 겪으실 고통을 영으로 함께 느끼고 있었습니다. 예수님께서 초대되어 그곳에 오신 날은 십자가의 죽음을 앞둔 유월절 엿새 전이었습니다.

마리아는 자신이 느낀 것을 이성적으로 따져보지 않고 바로 행동으로 옮겼습니다. 예수님의 마음이 전해지는 순간, 마음에 동요가 일어났고 바로 반응했습니다. 즉, 깊음이 깊음을 향해 부르고 있었습니다. 마리아는 정확히 이해하지 못했지만 신랑 되시는 예수님에 대한 계시를 받았고 받은 계시를 품었습니다.

나드, 또는 스파이크나드(spikenard)는 꽃을 으깨어 만든 매우 귀한 향유입니다. 당시 유대 소녀들 가운데 그것을 가지고 있을 만큼 부유한 소녀는 그리 많지 않았습니다. 만약 누군가가 그것을 소유하고 있다면, 결혼 첫날밤에 성유로 사용하려고 매우 소중히 간직해온 것입니다. 그러나 마리아의 행동은 그저 '값비싼 향유를 주께 부어드렸다'로 끝나지 않습니다. 그녀는 주님의 발에 자신의 갈망이 담긴 소중한 꿈을 다 쏟아 부었습니다. 이로써 그녀는 유일하게 예수님의 장례를 위하여 향유를 부은 자, 십자가로 향하는 길 앞에 서신 그분을 지원하며 섬긴 유일한 자가 되었습니다.

뿐만 아니라 마리아는 놀라운 예언의 말씀을 이루었습니다. 솔로몬은 아가서에 "신부는 그녀의 왕에게 나드를 가져가 성유를 부었습니다"라는 예언의 말씀을 기록하였습니다. 그런데 여기 마리아 앞에 침상에 비스듬히 기대어 앉아 계신(중동의 식사관습), 솔로몬보다 더 위대한 주님이 계십니다!

왕이 침상에 앉았을 때에 나의 나도 기름이 향기를 뿜어냈구나. 아 1:12

나드를 만들기 위해 으깨어지는 꽃은 샤론의 장미, 즉 샬롬(shalom, 평화)의 왕을 의미합니다. 꽃이 으깨어져야 성유가 되듯 샬롬의 왕이신 예수님은 십자가에서 참담히 으깨어져야 하셨습니다.

지금까지 마리아는 듣는 가운데 주님의 마음 깊은 곳에 있는 것들을 깨닫도록 훈련받아왔기에 다 이해되지 않더라도 듣고 느끼는 것에 반응하고 행동할 수 있었습니다. 그녀에게 이해는 중요하지 않았습니다. 사실 아무 문제도 되지 않았습니다. 그녀는 사랑에 빠져 있었습니다!

마리아가 예수님께 향유를 부었을 때, 어떤 이들은 그녀를 비난했습니다. 순식간에 쏟아져 바닥에 흐른 나드는 당시의 가치로 따지면 평범한 노동자의 1년 임금에 버금가는 금액이었습니다. 그러나 마리아의 행동을 자세히 보면, 그 귀한 나드를 아무렇게나 쏟아 부은 것이 아니었습니다. 마리아는 예수님의 발에 조심스럽게 붓고 자신의 머리카락으로 정성스럽게 닦으면서 향유를 발라 드렸습니다.

성경에서 머리카락은 '헌신'을 상징합니다. 삼손의 이야기를 떠올려 보면, 그는 태에서부터 택함을 받은 나실인이었습니다. 나실인은 하나님을 위하여 구별된 사람을 의미하며 남자든 여자든 나실인으로 택함 받으면 머리카락을 절대 자르지 않겠다는 언약의 맹세를 해야 했습니다. 또한 머리카락은 우리 육체의 '왕관'입니다. 바울은 고린도전서 11장 15절에서 "만약 여자가 긴 머리가 있으면 자기에게 영광이 되나니"라고 했습니다. 즉, 머리카락을 최고의 영광으로 기록하고 있습니다.

마리아의 행동은 예수님을 향한 최고의 헌신을 담아 표현한 것이었습니다. 그렇게 할 수 있었던 이유는 이미 삶을 통해 마음으로 듣는 법을 배워왔기 때문입니다. 마리아는 주님께서 직접 표현하지 않으셔도 그분의 마음, 그분의 깊은 열망까지도 자신의 마음으로 듣고 행동에 옮길 수 있는 주님의 신부였습니다.

마리아는 그 사랑스러운 행동을 통하여 예수님을 송축해 (bless)드렸을 뿐 아니라 모든 민족에게 복(blessing)이 되었습니다. 예수님은 그곳에서 이렇게 선포하십니다.

> 내가 진실로 너희에게 이르노니 온 천하에 어디서든지 복음
> 이 전파되는 곳에는 이 여자가 행한 일도 말하여 그를 기억하
> 리라. 막 14:9

우리가 마리아처럼 듣고 반응할 때, 우리 조상 아브라함에게 하신 열방의 복이 되리라는 약속을 우리에게도 이루어 주실 줄 믿습니다.

하나 되어 함께

저는 이 글을 쓰는 지금 이 순간에도 '심방세동'이라는 질환으로 힘들어 하고 있습니다. 심장이 일정하지 않게 뛰는 이 병은 쉽게 피로감을 느끼게 하고 종종 숨이 차 호흡곤란이 오게 만듭니다. 지금은 컴퓨터 앞에 앉아 있지만, 이렇게 집중해서 앉아 있을 수 있는 시간은 그리 길지 않습니다.

제 하루는 호흡곤란과 어지럼증을 느끼며 누워 있는 시간이

길지만, 매 순간 주님의 임재를 느끼며 감사히 생활하고 있습니다. 저는 우리 주님이 치유하는 분이심을 믿고, 뜻을 세워 제게 이 병을 주셨다고 생각하지 않습니다. 빼앗고 죽이고 파괴하는 것은 사탄의 일입니다. 어떠한 상황 속에서도 우리 주님은 생명의 주이십니다.

문득 10년 전 주님과 함께 휴가를 보낸 그때가 떠오릅니다. 수많은 일정 가운데 휴가를 계획하는 것은 제게 매우 중요한 일입니다. 마리아처럼 살고 싶으나 분주하고 조급한 마르다와 같은 저를 종종 마주하기 때문입니다. 끊임없이 예수님의 발아래 마리아가 앉은 자리로 돌아가고자 애쓰며 그곳을 찾는 저는 '낙담한 행동가'입니다.

마침내 휴가를 떠난 저는 칠흑 같은 어둠 속에 앉아 "함께 가자"는 주님의 부르심을 느끼고 있었습니다. 그 낯선 감정을 느낄 때, 문득 깜깜한 지성소가 떠올랐습니다. 성소는 촛대가 항상 켜져 있기에 빛이 있고 바깥뜰도 자연의 밝은 빛으로 가득한데, 지성소만은 칠흑 같은 어둠이었습니다. 그곳에서 유일한 빛은 천국 빛이었습니다. 빛은 우리가 사는 이 땅에서 시간의 흐름을 측정하는 도구이고, 저는 매우 시간 중심적인 사람입니다. 그러나 지성소는 천국 빛을 비춤으로 자유함 가운데 영원을 느끼게 해주는 곳이었습니다.

제 앞에는 늘 선교단체 대표로서 책임져야 할 많은 사역들과 결정해야 할 많은 상황들이 산적해 있습니다. 그래서 저는 이번 휴가를 계획할 때, 주께 더 가까이 나아가 그분의 음성을 듣기 위하여 먼저 '기다리는 시간'을 가져야겠다고 생각했습니다.

처음에 저는 어둠속에 앉아 주의 음성을 기다렸습니다. 그러나 그분의 임재는 분명했지만 어떠한 음성도 들리지 않았습니다. 계속 성경을 읽으며 구절마다 감동을 받았지만, 무언가 해결되지 않는 답답함이 제 안에 있었습니다.

> 태초에 하나님이 천지를 창조하시니라 땅이 혼돈하고 공허하며 흑암이 깊음 위에 있고 하나님의 영은 수면 위에 운행하시니라. 창 1:1-2

창세기 말씀을 읽으면서 저는 무언가를 새롭게 깨달았습니다. 태초에 하나님이 말씀으로 천지를 창조하실 때, 그분은 혼돈하고 공허하고 형체가 없는 흑암 속에 계셨고, 지금도 그 자리에 계신다는 것을 말입니다. 주님은 태초 전부터 계셨고 세상이 끝난 이후에도 계실 분입니다. 그분은 시간과 공간에 갇힐 수도, 가둘 수도 없는 분입니다. 바로 그런 주님께서 우리와 함께 하시기 위하여 시공간의 제약 안으로 들어오는 결정을 하셨습니다.

저는 10월의 깊은 어둠이 드리워지고 주변 어디에도 불빛을 찾아볼 수 없는 서부 웨일즈(Wales)의 인적 드문 시골마을 작은 오두막 안에 앉아 있었습니다. 제게 드리워진 어둠은 온전히 주님만을 느끼게 하였고, 온전한 평안으로 저를 덮어 주었습니다. 텅 빈 듯 공허함만 가득했던 그곳에 주님의 임재가 충만히 느껴졌습니다. 저는 주님께 나아가기 위하여 굳이 말할 필요가 없었습니다. 이미 저는 사랑받고 있었고 그분의 품에 안겨 귀히 여김을 받고 있었습니다.

저는 그곳에서 세상에 존재하는 어떤 말로도 표현할 수 없는 시간을 보냈습니다. 그제야 비로소 저는 다윗이 고백한 "깊음은 깊음을 부르며"(시 42:7, 새번역)라는 말씀의 의미를 이해할 수 있었습니다. 마음 깊은 곳에서부터 기쁨이 격동치며 올라왔고 제가 사랑받고 있다는 사실이 더욱 분명하게 깨달아졌습니다.

휴가를 떠나기 몇 달 전, 저희 아버지는 슈퍼박테리아 감염으로 병원에서 돌아가셨습니다. 어렸을 때, 아버지는 저를 꼭 끌어안아주곤 하셨는데, 그날 밤 어둠 속에서 하나님 아버지는 저를 그분의 품 안, 그분의 심장 가장 가까운 곳에 제 귀가 닿도록 꼭 안아주셨습니다. 마치 그 옛날 저희 아버지처럼 말입니다. 그 순간 저는 주께 붙들려 있음을 분명히 느낄 수 있었습니다. 그 품 안에서 제가 원하는 것은 단 하나, 그분의 심장 소리를 들으며 그 리듬에 맞추어 제 심장이 뛰도록 제 자신을 온전히 내어드리는 것이었습니다.

제가 주님께 제 자신을 내어드렸을 때, 제 안에 무언가가 변화되고 있다는 것이 느껴졌습니다. 주님 앞에 가지고 나왔던 수많은 질문들의 답이 모두 그곳에 있다는 것이 깨달아졌습니다. 그렇게 나의 아버지 하나님은 제 모든 상황을 그분의 목적에 맞게 변화시키셨습니다. 즉, 아버지와 나의 심장이 하나 되어 함께 뛰도록 만드셨습니다. "주는 나의 창조자이시고 나의 아버지이시다!"라는 엄청난 진리가 제 마음 깊이 새겨졌습니다.

그 후로 저는 우리 가운데 일하시는 주님을, 그리고 믿는 자들로 하나 되게 하시는 주님을 경험하면서 매 순간 감동했습니다. 그리고 미리 계획을 세우거나 준비하지 않아도 내 안에 넘치는 생명을 자유롭게 전하는 제 자신을 발견했습니다.

저는 어둠 속에서 마리아처럼 가장 좋은 편을 택했고, 그로 인해 하나님의 왕국, 그 영원한 곳에 들어가 머무는 법을 배웠습니다. 그리고 전심으로 예배할 때, 주께서 일하시는 것을 경험했습니다.

마르다야, 마르다야 네가 많은 일로 염려하고 근심하나 몇 가지만 하든지 혹은 한 가지만이라도 족하니라. 눅 10:41-42

분명 매우 어려운 말씀이지만 영원한 가치가 있는 얼마나 귀한 교훈인지요! 그리고 가장 좋은 한 가지 일을 택하도록 우리를 신실하게 인도해주시는 우리 주님은 얼마나 좋은 분이신지요!

Chapter 4

예배함

예배의 자리에서 신부를 맞이하시다

매일 이곳으로 올 수 있을까?
노래 너머 이곳
내 마음이 속한 이곳

당신이 나를 아는 이곳
내가 당신을 아는 이곳

내가 깊은 숨을 들이마실 수 있는 이곳
당신의 호흡이 느껴지는 이곳

사랑이 있는 이곳
어둠에서 날 지켜주는 이곳
고요함이 보듬어 주는 이곳
강요하지 않은 초대가 있는 이곳

우리가 웃는 이곳
여기 샬롬이 다시 나를 찾아오는 이곳

나는 매일 이곳으로 올 수 있을까?

놀라운 일입니다. 우리가 정말로 그곳으로 갈 수 있다니요! 우리는 하나님의 보좌가 있는 그분의 왕국에서 사랑하는 주님과 함께 할 것입니다.

오늘도 저는 논의가 필요하다고 보채는 많은 일들을 내려놓고 해결책을 요구하는 많은 일들을 덮어두고, 가장 먼저 예배함으로써 주를 향하여 제 심장을 뛰게 하고 있습니다.

예배는 우리 삶에서 하나님을 온전히 누리며 그분으로 인하여 즐거워하는 것입니다. 그분의 얼굴을 바라보고 나 자신을 온전히 그분께 내어드리는 것입니다. 하나님이 어떠한 분이신지를 기억하고 사랑으로 화답하는 것입니다. 사도 바울의 고백처럼 예배는 "하나님이 기뻐하시는 거룩한 산 제물로 드리는"(롬 12:1) 사랑의 응답입니다.

예배하면서 우리는 주님의 깊은 사랑 안으로 빠져들어 갑니다. 이는 수천 년간 경험되어져 온 일입니다. 성경의 한가운데에 위치한 아가서는 사랑을 열정적으로 노래하는 책입니다. 그보다 사랑을 잘 표현한 책은 이 세상 어디에도 없습니다. 아가서는 연인이자 왕을 향한 소녀의 노래이자 소녀를 향한 왕의 노래로써 만왕의 왕 주님께서 우리를 얼마나 사랑하시는지, 그리고 우리의 사랑을 얼마나 열망하고 계시는지를 아주 잘 보여 주는 놀라운 책입니다.

아가서의 두 주인공은 솔로몬 왕과 술람미 여인입니다. 그들의 이름을 히브리어 원어로 표현하면 '샬롬'(shalom)입니다. 보통 우리는 샬롬을 '평화'라고 번역하는데, 실은 '완벽한 곳으로의 온전한 회복', '흠이 없이 온전하다'라는 평화 그 이상의 의미를 가지고 있습니다. 솔로몬 왕은 온전한 평화를 누린 사람입니다. 물론 그 평화 속에 스스로 방종하여 영원한 유업을 놓친 자이기도 합니다. 그러나 평화의 왕자이신 우리 예수님은 자신을 희생하셔서 '샬롬'이 필요한 이들을 온전히 회복시켜 주셨습니다.

내게 입 맞추기를 원하니. 아 1:2

소녀는 이렇게 사랑하는 이와 입 맞추고픈 자신의 간절한 마음을 표현하고 있습니다. 여기에는 '사랑하는 이 역시 나와 입 맞추길 원한다'는 의미도 함께 담겨 있습니다.

랍비들은 주님이 우리 안에 말씀을 주시는 것을 '입맞춤'이라고 가르칩니다. 히브리어로 입맞춤(kiss)은 '나사크'(nasaq)인데 '필요한 모든 장비를 갖추다', '무장한 용사'라는 의미를 가지고 있습니다. 사랑하는 용사이신 주님은 우리가 그분처럼 살아갈 수 있도록 우리를 부르십니다. 사랑의 언어로 우리를 감싸 안으시며 무기를 쥐어 주십니다. 우리는 주님과의 입맞춤으로 연합되어 온전한 친밀감을 느낄 때에야 비로소 그 무기를 받을 수 있습니다.

그런데 무기 자체는 폭력적 의미를 담고 있습니다. 즉, 주님께서는 우리를 '낯선 폭력(a strange violence)의 자리'로 부르고 계십니다. 우리에게 세상을 변화시킬 무기를 주시며 낯선 폭력으로 나아가라고 명하십니다. 우리 손에 들려 주시는 그 무기는 바로 '사랑'입니다.

아가서에는 사랑하는 마음을 점차 배워가는 신부의 여정이 잘 기록되어 있습니다. 처음에 그녀는 아이처럼 묘사되지만, 실은 스스로 생존이 가능하며 자신의 이익을 따지는 이기적인 자입니다. 그러나 점차 성숙해지면서 신랑을 향해 산 위를 달리는 신부로, 모든 장애를 극복하도록 돕는 그분의 조력자로, 다른 이들이 주의 사랑을 알도록 이끄는 그분의 동역자로 놀랍게 변화되어 갑니다.

결론적으로 아가서는 '사랑하는 마음을 깊이 깨닫는 방법'을 배우는 책입니다. 이에 대하여 모두 말하려면 두꺼운 책 한 권으로도 부족할 것입니다. 이 장에서 우리는 아가서에 나타나는 신부의 여정을 따라가며 그 안에 나타나는 몇 가지 교훈을 나누고자 합니다.

내가 비록 검으나

간혹 우리 스스로 주의 임재를 막아서는 행동을 할 때가 있습니다. 그중 하나가 "나는 자격이 없어"라고 스스로를 무가치한 사람으로 전락시키는 것입니다. 우리는 주의 보혈로 완전히 깨끗하게 되었습니다. 그런데 그 진리를 머리로는 잘 알아도 마음으로는 종종 배신하곤 합니다. 우리의 마음은 너무도 쉽게 자기 자신의 약점을 찾아내고 그 약점에 집중하도록 만듭니다. 그래서 우리는 "내가 비록 검으나 아름다우니"(아 1:5)라고 고백하는 신부의 노래를 반드시 들어야 합니다. 어떠한 더러운 죄도 우리를 향하신 주님의 사랑을 멈출 수 없습니다!

우리가 아직 죄인 되었을 때에 그리스도께서 우리를 위하여 죽으심으로 하나님께서 우리에 대한 자기의 사랑을 확증하셨느니라. 롬 5:8

우리는 정죄감에 압도당할 때, 신부의 고백과 같이 "내가 햇볕에 쬐어서 거무스름할지라도"(아 1:6)라고 말해야 합니다. 여기서 '거무스름하다'라는 표현은 죄로 인해 검게 된 상황과 관련 있습니다. 저는 이 말씀을 풀어 이렇게 표현하고 싶습니다.

"맞아요, 저는 거무스름해요. 세상이라는 태양에 탔거든요. 저를 향한 사람들의 행동과 저 스스로의 행동으로 인해 그렇게 되었어요. 그래도 괜찮아요. 저는 하나님의 눈에 사랑스러우니까요!"

맞습니다, 우리는 주님께 매우 사랑스러운 존재입니다. 그분은 늘 우리에게 '입맞춤'하기를 열망하십니다. 그렇다면 당신은 그분을 얼마나 간절히 원하나요? 우리는 위로부터 내려오는 말씀에 온전히 잠기도록 나 자신을 내어맡길 때, 말씀으로부터 오는 거룩한 확신을 얻을 수 있습니다.

신랑은 검고 미성숙한 신부를 향하여 "여인 중에 어여쁜 자야"(아 1:8)라고 부릅니다. 주님은 우리를 죄로 물든 실패자의 모습이 아닌 창조하신 본연의 모습으로 바라보십니다. 예배자이자 위대한 용사 다윗 왕은 이에 대하여 정확하게 이해하고 있었습니다.

> 우리의 죄를 따라 우리를 처벌하지는 아니하시며 우리의 죄악을 따라 우리에게 그대로 갚지는 아니하셨으니 이는 하늘이 땅에서 높음 같이 그를 경외하는 자에게 그의 인자하심이 크심이로다. 시 103:10-11

다윗은 '구속하심'을 흑암 중에서 보았지만, 지금 우리는 십자가의 실재 속에서 분명히 보고 있습니다. 하늘과 땅을 나누었던 휘장이 찢어졌습니다. 하늘과 땅의 구분이 영원히 제거되었습니다. 우리는 용서받고 용납되었습니다. 사랑받는 존재가 되었습니다. 이 계시는 우리가 왕이신 하나님을 전심으로 예배하도록 우리에게 자유를 줍니다.

하나님의 왕국에 잔치가 준비되었습니다. 그것은 예수님의 영원한 사랑으로 준비된 잔치입니다. 주님은 그 자리로 우리를 초대하고 계십니다.

> 그가 나를 인도하여 잔칫집에 들어갔으니
> 그 사랑은 내 위에 깃발이로구나. 아 2:4

우리는 초대받을 만한 어떠한 자격도 없고, 초대받기 위해 어떠한 노력도 하지 않았습니다. 오직 주님께서 모든 일을 행하셨습니다. 다만, 우리의 소임은 그분이 베푸신 잔치에 믿음으로 참여하여 한마음으로 즐기는 것입니다. 주님의 사랑을 맛볼 때, 우리는 그 사랑이 내 안에 다 담을 수 없을 만큼 광대하다는 것을 깨닫게 될 것입니다. 그리고 내 안에 넘쳐흐르는 사랑이 흘러가도록 나 자신을 내어주는 방법 또한 배우게 될 것입니다. 주님은 바로 그 일을 위하여 우리를 일으켜 세워 새로운 여정으로 인도하고 계십니다.

믿음으로 이끄는 예배

나의 사랑, 내 어여쁜 자야 일어나서 함께 가자. 아 2:10

하나님의 나라는 가까이 있습니다. 바로 우리에게 주어진 현실, 즉 매일매일 경험하며 생활하는 지금 이곳입니다. 주어진 자리에서 열정적으로 예배할 때, 우리는 주님을 위해서라면 무엇이든 할 수 있다고 자신있게 말합니다. 하지만 어려움이 닥쳐 힘들어지면 이내 숨어버리거나 침묵해버리고 맙니다.

세상이 "신중해야지, 지혜롭게 행동해야지"라고 속삭이는 바로 그때가 선악과가 다시금 탐스러운 빛을 발하는 순간입니다. 그 열매는 우리가 스스로 판단하고 결정하도록 만듭니다. 나만의 방법으로 계획을 세우고 내가 모든 상황을 통제하도록 만듭니다. 예배의 자리보다 세상을 향해 달려가도록 만듭니다. 세상 관습에 동화되도록 만듭니다. 그러나 이 모든 것은 진정한 예배를 드리게 될 때, 주님 안에서 새로워지고 변화를 받습니다.

그러므로 형제들아 내가 하나님의 모든 자비하심으로 너희를 권하노니 너희 몸을 하나님이 기뻐하시는 거룩한 산 제물로 드리라 이는 너희가 드릴 영적 예배니라 너희는 이 세대를 본받지 말고 오직 마음을 새롭게 함으로 변화를 받아 하나님의 선하시고 기뻐하시고 온전하신 뜻이 무엇인지 분별하도록 하라. 롬 12:1-2

주님은 우리에게 간청하십니다.

바위 틈 낭떠러지
은밀한 곳에 있는 나의 비둘기야
내가 네 얼굴을 보게 하라
네 소리를 듣게 하라
네 소리는 부드럽고
네 얼굴은 아름답구나
우리를 위하여
여우 곧 포도원을 허는
작은 여우를 잡으라
우리의 포도원에 꽃이 피었음이라. 아 2:14-15

예수님과의 친밀한 관계를 빈번히 망쳐 놓는 '작은 여우'는 범죄나 위험 같은 큰 사건이라기보다 아주 자잘하고 사소한 일인 경우가 많습니다. 예를 들어, 삶의 작은 습관이나 순식간에 찾아온 두려움 같은 감정일 수 있습니다. 근심을 내려놓지 못하는 마음이나 분노하며 용서하지 못하는 행동일 수 있습니다. 이미 곪아 터졌으니 응답받지 못할 것이라고 믿는 기도일 수 있습니다. 작은 여우는 아름답게 꽃피운 포도원에 들어가 헤집어 망가뜨려 놓습니다. 할 수 있는 한 꽃을 모두 떨어뜨려 놓으려 합니다. 꽃이 적을수록 열매도 적게 열리기 때문입니다.

주님께 나아가 예배를 드린다고 해서 우리 안에 작은 여우가 완전히 사라졌다고 확신할 수 없습니다. 여전히 내 안에 작은 여우를 그대로 두고 예배할 수 있습니다. 그러나 주님은 이러한 우리의 예배조차도 사랑스럽게 받아주십니다.

아가서의 앞부분에서 신부는 매우 '자기' 지향적입니다.

내 사랑하는 자는 내게 속하였고…. 아 2:16

지금 그녀는 자기만족, 즉 자신이 받을 복에만 관심이 있습니다. 그러나 점차 뒷부분으로 갈수록 변화된 모습을 보입니다.

나는 내 사랑하는 자에게 속하였도다…. 아 7:10

아가서의 마지막에서 신부는 이제 더 이상 자기만족에 대하여 언급하지 않습니다. 오로지 신랑만을 만족시키길 원합니다. 그리고 그때 그녀는 더 풍성한 복을 받고 더 큰 성취를 얻으며 모든 일에 보람을 느낍니다.

당신이 예배하는 동기는 무엇인가요? 주님 앞에 나아갈 때마다 얻는 평안과 축복인가요? 물론 주님은 우리에게 복 주기를 원하십니다. 그러나 이기적으로 구하는 기도를 들으셔야만 하는 그분의 마음은 얼마나 아프실까요? 자기만족에 취해 드리는 예배를 받으셔야만 하는 그분의 마음은 얼마나 괴로우실까요? 비록 우리가 그러했을지라도 다시 일어나 우리 자신을 진실하게 주께 내어드리면, 주님은 우리의 예배를 기쁘게 받아주십니다! 그분은 결코 정죄하지 않으시고 완숙한 사랑으로 우리를 대해 주십니다.

다음 말씀을 보면, 신부는 자신에게 가장 안락한 장소로 사랑하는 자를 부르고 있습니다.

내 밤에 침상에서
마음으로 사랑하는 자를 찾았노라
찾아도 찾아내지 못하였노라. 아 3:1

신부는 "축복받고 싶어요. 나만 축복해주세요!"라는 사고방식으로 살아가는 이기적인 우리의 모습을 잘 보여 주고 있습니다. 우리 주님은 우리를 이기적인 마음으로는 어떤 만족도 느낄 수 없는 존재로 창조하셨습니다. 감사하게도 그것이 바로 주님이 우리를 사랑하신다는 증표입니다.

우리는 주님이 항상 함께 하심에도 불구하고 "주님, 내게로 와주세요. 여기 나하고만 있어 주세요. 주님의 목적에서 조금 벗어났더라도 제가 하는 일이니 무조건 축복해주세요"라고 요구합니다. 이와 같이 아무리 가져도 만족할 수 없고 그 무엇으로도 만족할 수 없는 요구를 할 때, 우리는 주님의 임재를 전혀 느낄 수 없습니다.

예수님은 은혜 가운데 성령의 권능으로 우리 삶에 들어오십니다. 주님이 어디에 계시든 우리가 그분을 따르고 그분 안에 거하길 원하십니다. 아가서 3장에서 신부는 드디어 자신의 안락한 자리를 떠나 주님이 계신 곳을 찾아나섭니다. 그리고 찾아나서자마자 주님을 만납니다. 그러나 주님이 그분의 임재를 명시적으로 보여 주시지 않자 "마음에 사랑하는 자를 만나서 그를 붙잡고 내 어머니 집으로 나를 잉태한 이의 방으로 가기까지 놓지"(아 3:4) 않겠다고 고백합니다. 여기서 우리는 그녀가 여전히 주님을 자신만의 장소로 데려가고 싶어 한다는 것을 알 수 있습니다.

예수님께서 그분 자신을 계시하여 보여 주시는 것이 얼마나 큰 은혜인지요! 주님은 우리가 이기적인 마음으로 예배를 드리더라도 그분의 마음을 아낌없이 다 보여 주십니다. 우리가 잃어버린 영혼들이 있는 세상으로 주님과 기꺼이 가려 하지 않더라도 사랑으로 준비하신 결혼 행렬을 보여 주십니다. 주님의 용사들에게 그분의 위엄을 보여 주시고(아 3:6-11), 주님의 신부들에게 두려움에서 벗어나 만왕의 왕이신 그분의 실존 안으로 들어오라고 끊임없이 구애하십니다. 부드러운 목소리로 사랑의 노래를 불러주십니다.

> 나의 사랑 너는 어여쁘고
> 아무 흠이 없구나. 아 4:7

예수님의 말씀은 언제나 진리입니다. 그렇다면 이 말씀도 진리로 쉽게 받아들여지나요? 솔직히 제 자신을 바라보면 진리와는 거리가 멀어 보이는 말씀입니다. 도리어 이 말씀은 완전하신 주님을 향한 신부의 고백 같습니다.

성미가 급한 어부 시몬을 만난 예수님은 그를 베드로, 즉 반석이라는 의미를 가진 이름으로 부르셨습니다. 그 부르심은 지금 주님 앞에 있는 시몬이라 불리는 그가 진짜 어떤 사람인지에 대한 진리를 말씀하신 것이었습니다. 주님의 말씀은 언제나 진리입니다. 또한 주님은 속이는 자 야곱을 그가 사로잡혀 있는 모든 것으로부터 떼어 얍복, 즉 '비움'이라는 의미를 가진 한 지점으로 데려가 그와 씨름하셨습니다. 야곱은 홀로 얍복에서 주님을 만났고, 그곳에서 주님은 그를 '이스라엘'이라고 부르시며 한 민족을 세우게 될 그의 진정한 정체성을 나타내셨습니다.

당시 유대사회에서 여성은 아버지나 남편의 이름을 따서 불렸지만, 예수님이 일곱 귀신을 쫓아내주신 막달라 마리아는 그렇지 않았습니다. 예수님은 그녀에게 '망루'(탑)라는 의미의 '막달라'라는 이름을 주셨습니다. 그녀 안에 있는 진실한 힘을 보셨기 때문입니다. 막달라 마리아는 부활하신 예수님을 제일 처음 보았고 그것을 온 인류 앞에 증언하도록 위임받은 자였습니다.

우리 마음이 무겁고 의심으로 가득한 순간에도 주님은 "너는 어여쁘고 아무 흠이 없구나!"라고 선포해주십니다. 바로 이 진리가 우리를 믿음의 자리로 나아가게 하는 우리를 향하신 주님의 믿음입니다.

고난 가운데로 인도하는 예배

북풍아 일어나라
남풍아 오라
나의 동산에 불어서
항기를 날리라. 아 4:16

깊은 예배로 들어갈 때에 우리는 "주님을 위하여 무엇이든 하겠습니다", "주님만 사랑합니다", "주님만 온전히 신뢰합니다"와 같은 고백을 합니다. 성령의 바람이 불어오면 부드러운 남풍이든 거칠고 차가운 북풍이든 상관없이 성령님을 초청하고 환영합니다.

그런데 아가서 5장 3절 말씀을 보면, 신부는 방문을 두드리며 잠을 깨우는 사랑하는 이에게 핑계 가득한 말을 쏟아냅니다.

내가 옷을 벗었으니
어찌 다시 입겠으며
내가 발을 씻었으니
어찌 다시 더럽히랴.

우리의 신랑 되시는 예수님은 우리에 대하여 얼마나 오래 참고 친절하신지요! 주님은 바로 표출해버리는 우리의 이기심 너머에 존재하는, 즉 우리의 마음 깊은 곳에 있는 열망을 보십니다. 주님은 우리의 자기애가 아무리 강할지라도, 우리의 육신이 아무리 연약할지라도 우리 영(spirit)이 언제나 그분을 갈망한다는 것을 잘 알고 계십니다(마 26:41).

저는 예배를 깊이 드리다가도 '저녁에 무엇을 먹을까'와 같은 딴생각에 빠져 쉽게 집중을 흐트러트리곤 합니다. 만약 당신도 그러하다면 여기서 확실히 알아둘 것이 있습니다. 그것은 예수님께서는 이러한 우리를 결코 정죄하지 않으신다는 사실입니다. 그분은 계속해서 우리를 찾아와 사랑을 고백하시고 신실하게 사랑해주십니다. 여기서 우리가 해야 할 반응은 단 하나, 내 죄를 깨닫고 주께로 돌아가는 것입니다. 그래서 예배는 나 자신을 그분께로 끊임없이 돌이켜 나아가는 훈련입니다.

아가서 5장은 신부가 주께 사랑으로 순종할 때 찾아오는 고난에 대한 통찰을 줍니다. 혹시 당신은 다음과 같은 경험을 한 적 있나요? 주님의 음성에 반응하여 깊은 어둠을 헤치고 그분을 따랐는데, 그 길 끝에서 주님이 사라진 것만 같은 경험 말입니다. 주님의 부르심에 확신하여 희생을 감내하면서까지 주를 따랐는데 이러한 일을 겪으면 상처를 받습니다.

저는 아가서가 주는 교훈들로 인하여 감사합니다. 바로 그때 우리의 시선을 돌려 '다른 것'을 바라보도록 해주기 때문입니다. 이제 신부는 고통 중에서도 '예배'를 드리기로 선택합니다!

성 안을 순찰하는 자들이
나를 만나매 나를 쳐서 상하게 하였고
성벽을 파수하는 자들이 나의 겉옷을 벗겨 가졌도다
예루살렘 딸들아 너희에게 내가 부탁한다
너희가 내 사랑하는 자를 만나거든
내가 사랑하므로 병이 났다고 하려무나. 아 5:7-8

신부는 병이 날만큼 신랑을 열렬히 사모하고, 이 세상 고난과 상관없는 상태가 됩니다. 바울은 이렇게 말합니다.

그러므로 우리가 낙심하지 아니하노니 우리의 겉사람은 낡아지나 우리의 속사람은 날로 새로워지도다 우리가 잠시 받는 환난의 경한 것이 지극히 크고 영원한 영광의 중한 것을 우리에게 이루게 함이니 우리가 주목하는 것은 보이는 것이 아니요 보이지 않는 것이니 보이는 것은 잠깐이요 보이지 않는 것은 영원함이라. 고후 4:16-18

바로 예배가 돌파를 일으킵니다. 고난 가운데 그녀가 드린 예배는 이제 주위 사람들에게까지 영향을 끼치기 시작합니다. 그녀의 고백을 들은 사람들이 그녀에게 다가와 "어여쁜 자야, 너의 사랑하는 자가 남의 사랑하는 자보다 나은 것이 무엇"(아 5:9)이냐고 묻습니다. 이어지는 말씀에서 신부는 감미롭고 희생적인 예배를 통하여 사랑하는 자를 향한 자신의 마음을 쏟아내어 보여 줍니다. 이제 그녀는 다른 어떤 것에도 흔들리지 않게 되었습니다. 그러나 다른 사람들은 아직 아닙니다. 진정한 예배는 이와 같이 먼저 나의 영에 영향을 끼치고, 그 다음에 나의 예배를 목격한 사람들에게 영향을 끼칩니다.

이제 신부는 이 세상 너머 보이지 않는 영역을 주목하고 바라봅니다. 그 이유는 주께서 그녀에게 고통을 허락하심으로써, 심지어 주의 임재를 잠시 거두어 가심으로써 그녀가 주님을 얼마나 사랑하는지 깨닫게 하셨기 때문입니다. 그렇습니다, 주님은 우리가 그분께 온전히 사로잡히기를 원하십니다.

고난 가운데서도 세상이 우리를 사로잡지 못하고 단념하게 만든다면, 그 고난은 우리를 정화시켜 줄 것입니다. 그리고 그때 우리의 믿음을 지켜 본 많은 사람들이 사랑하는 주께로 이끌릴 것입니다.

임재를 경험하는 예배

내 사랑하는 자가 자기 동산으로 내려가
향기로운 꽃밭에 이르러서
동산 가운데에서 양 떼를 먹이며
백합화를 꺾는구나
나는 내 사랑하는 자에게 속하였고
내 사랑하는 자는 내게 속하였으며
그가 백합화 가운데에서 그 양 떼를 먹이는도다. 아 6:2-3

고난 가운데 몸부림치던 신부의 선택은 '예배'였습니다. 그녀는 자신이 예배할 때, 주님이 자신을 한순간도 떠나지 않으시고 함께 하셨다는 것을 확신합니다! 이제 신부의 예배는 주님만을 향하고 그분 안에 기쁨이 넘칩니다. 그녀의 관심은 더 이상 자기 자신이 아닌, 오직 주님입니다. 자기중심적이었던 그녀의 사랑의 맹세 역시 변화되어 "나는 나의 사랑하는 자"라고 선포하기 시작합니다.

요한복음 17장에서 예수님은 격정적으로 기도하십니다. 아버지의 뜻을 최우선으로 두고 힘을 다하여 기도하십니다. 그분의 기도의 정점은 다음과 같습니다.

내가 아버지의 이름을 그들에게 알게 하였고 또 알게 하리니
이는 나를 사랑하신 사랑이 그들 안에 있고 나도 그들 안에 있

게 하려 함이니이다. 요 17:26

예수님의 마음을 사로잡은 열정은 바로 하나님 아버지와 함께 누리는 사랑 안으로 그분의 신부들이 들어오는 것입니다. 그리고 사랑을 고백하는 그분의 신부들 안에 그분이 거하시는 것입니다. 주님의 그 열망은 오순절 날 성령의 권능이 임하면서 실현되기 시작했고 오늘날에도 여전히 경험되어지고 있습니다.

아가서는 이러한 신비를 예언적으로 보여 주고 있습니다. 신랑은 신부와 거하면서 그녀의 정원을 둘러봅니다. 신랑은 자신의 집, 바로 가장 편안한 곳에 있습니다. 신랑과 신부는 한 몸과 한 영이 되어 한 '본성'이 됩니다. 본성이 하나 되는 원숙한 단계에 이르면, 신부는 자신의 감정과 경험에 상관없이 주께서 결코 자신을 떠나지 않으실 것을 확신하고, 주님은 그녀의 믿음을 기쁘게 받으십니다. 그리고 신부를 향하여 아름다울 뿐 아니라 군대와 같이 강하다고 선포하십니다.

내 사랑아 너는 디르사 같이 어여쁘고
예루살렘 같이 곱고
깃발을 세운 군대 같이 당당하구나. 아 6:4

신부는 주께로 가까이 갈수록 그분과 닮아갑니다. 예배를 받으시는 분과 예배를 드리는 자가 닮아가는 것은 성경의 원칙입니다.

너희 조상들이 … 헛된 것을 따라 헛되이 행하였느냐. 렘 2:5

사랑하는 자들아 우리가 지금은 하나님의 자녀라 장래에 어떻게 될지는 아직 나타나지 아니하였으나 그가 나타나시면 우리가 그와 같을 줄을 아는 것은 그의 참모습 그대로 볼 것이기 때문이니. 요일 3:2

우리 하나님은 강한 용사이십니다. 그분의 무기는 '사랑'입니다. 주님은 그분의 용사인 신부(warrior Bride)를 부르고 계십니다. 이제 우리는 이해할 수 없는 고통 가운데 있을 때, 그리고 주의 임재가 느껴지지 않을 때, 다른 무엇이 아닌 예배를 선택해야 합니다. 그러면 주의 권능이 연약한 우리를 온전케 하여(고후 12:9) 사랑하는 용사로 강하게 세울 것입니다.

내 은혜가 네게 족하도다 이는 내 능력이 약한 데서 온전하여짐이라 하신지라 그러므로 도리어 크게 기뻐함으로 나의 여러 약한 것들에 대하여 자랑하리니 이는 그리스도의 능력이 내게 머물게 하려 함이라. 고후 12:9

우리가 믿음으로 걷는 한 걸음 한 걸음이 예수님께 얼마나 소중할까요! 우리가 우리에게 무언가를 주시는 주님이 아닌 그분 자체를 사랑하기로 결단할 때에 얼마나 감격하실까요!

네 눈이 나를 놀라게 하니

돌이켜 나를 보지 말라. 아 6:5

행동하는 예배

내 사랑하는 자야

우리가 함께 들로 가서

동네에서 유숙하자

우리가 일찍이 일어나서 포도원으로 가서

포도 움이 돋았는지, 꽃술이 퍼졌는지

석류꽃이 피었는지 보자

거기에서 내가 내 사랑을 네게 주리라. 아 7:11-12

영과 진리로 예배할 때, 우리의 심장은 주님의 심장박동에 맞추어 같이 뛰기 시작합니다. 우리 안에 그리스도의 생각이 담겨져 거듭 물어보지 않아도 그분의 뜻이 무엇인지 알 수 있습니다. 그분과 하나가 되었기 때문입니다. 또한 수동적인 모습에서 벗어나 주도적인 모습으로 바뀝니다. 아직 추수하지 못한 들판을 바라보시는 주의 마음을, 여린 포도나무와 과일나무를 향한 그분의 마음을 느낍니다. 주를 기쁘시게 하기 위한 갈망이 넘칩니다.

예배는 우리가 구원자 되시며 전능하신 주님과 연합하여 함께 '행동'할 때에 절정에 이릅니다. 그때 우리는 주님의 진정한 동반자, 그리고 동역자가 됩니다. 이는 행위가 예배의 가장 높은 방식이어서가 아니라 행동이 사랑을 표현하는 것이기 때문입니다. 예수님은 "사람이 나를 사랑하면 내 말을 지키리니"(요 14:23)라고 말씀하십니다. 우리는 단지 주님의 말씀을 듣는 것에서 그치지 않고 전하는 것에서 그치지 않고 그것을 넘어 행동하고 순종해야 합니다. 바로 그것이 바울의 깨달음이며 그가 예배를 '산 제물'(롬 12:1)이라고 말한 이유입니다.

주님의 열망은 열방 가운데 그분의 신부를 얻는 것입니다. 주의 신부들이 이 시대의 각 영역에 세워지는 것입니다. 그들이 마약중독자이든 대통령이든 상관없습니다. 주님은 오직 그분의 신부를 열망하십니다.

주님의 사랑은 절대 꺼지지 않는 '불'입니다. 에스겔은 예배 중에 꺼지지 않는 불꽃을 보았습니다. 사도 요한도 마찬가지였습니다. "불로 가득하다"(겔 1:26-27 ; 계 1:14-16)라는 표현은 주님의 영광을 세상의 언어로 가장 가깝게 표현한 것입니다.

> 너는 나를 도장 같이 마음에 품고
> 도장 같이 팔에 두라
> 사랑은 죽음 같이 강하고
> 질투는 스올 같이 잔인하며
> 불길 같이 일어나니
> 그 기세가 여호와의 불과 같으니라

많은 물도 이 사랑을 끄지 못하겠고

홍수라도 삼키지 못하나니

사람이 그의 온 가산을 다 주고

사랑과 바꾸려 할지라도

오히려 멸시를 받으리라. 아 8:6-7

이 말씀에서 '불'은 우리를 향하신 주님의 맹렬한 사랑을 가리킵니다. 그 사랑의 불은 절대로 꺼지지 않습니다. 우리는 덤불, 즉 모세가 본 타오르는 떨기나무 덤불과 같습니다. 그것은 광야 어디서나 자라는 작은 관목이지만 주님이 오셔서 함께 할 때, 모세를 그분의 존전으로 이끄는 데 사용되어졌습니다. 우리는 예배할 때에 하나님의 불로 타오를 것입니다. 그러나 결코 소멸되지 않고 오직 정화될 것입니다. 그리고 그분의 영광을 나타내는 통로가 될 것입니다.

열방부흥축제(Celebration for the Nations)

사역자로 오랫동안 살아온 저는 처음부터 예배가 우리의 주된 부르심이라고 생각하지 않았습니다. 2004년, 저희 네이션스(Nations Trust) 사역자들과 함께 드리는 기도회에서 환상으로 임한 한 비전을 보았습니다.

저는 환상 중에 세상에서 가장 아름다운 색의 물을 보았습니다. 굳이 세상에 존재하는 색으로 표현하자면, 짙은 사파이어 빛깔의 파란색이었습니다. 매우 특이하고 이상했던 점은 물이 그 안에서 스스로 빛을 내고 있었다는 것입니다. 저는 물을 만지고 싶어서 손을 계속 앞으로 뻗었지만 알 수 없는 무언가에 막혀 만질 수 없었습니다. 주변을 둘러보니, 여러 나라에서 온 많은 사람들이 저처럼 물을 만지고 싶어 애쓰고 있었습니다. 그때 한 음성이 들려왔습니다.

"너희 쪽에서 물을 만지는 것은 불가능하다. 하지만 너희가 노래하면 물을 막고 있는 막이 부서져 너희 쪽으로 흘러넘칠 것이다!"

그 순간 제 마음에 한 성경구절이 떠올랐습니다.

백성을 모으라 내가 그들에게 물을 주리라 하시던 우물이라 그때에 이스라엘이 노래하여 이르되 우물물아 솟아나라. 민 21:16-17

우리 주님은 다 함께 서서 찬양하며 그분을 예배할 사람들을 모으라고 요청하고 계셨습니다. 저희는 주신 비전을 붙들고 간절히 기도하기 시작했고, 바로 그 해가 '웨일즈 대부흥 100주년'임을 깨달았습니다. 저희가 기도할 때 주님은 부흥을 향한 그분의 뜻이 1904년 대부흥 때와 같이 아직 완성되지 못했고 지금도 막혀 있다고 알려 주셨습니다.

당시 대부흥은 웨일즈 사회를 변혁시켰고 여러 나라로 그 불길이 퍼져나갔습니다. 인도 북동부에서 사역하던 웨일즈 출신 선교사들은 고국에서 일어난 부흥 소식에 기뻐하며 인도에도 부흥이 오기를 간절히 기도했고, 1905년 주님은 그들의 기도에 응답하셔서 그곳에 권능으로 임하셨습니다. 그리고 웨일즈 부흥의 주역인 에반 로버츠(Evan Roberts)의 간증에 도전과 격려를 받은 윌리엄 시모어(William Seymour)를 통해 1906년 로스앤젤레스의 아주사 거리에도 부흥이 일어났습니다. 그리고 1907년 지금의 북한 수도인 평양이 중심이 되어 한반도 전역에 부흥이 일어났습니다. 20세기가 시작되던 그즈음 유럽의 많은 도시와 극동, 그리고 호주 등 다양한 지역에서 많은 사람들이 부흥의 역사를 경험했습니다.

> 이것이 곧 예루살렘이라 내가 그를 이방인 가운데에 두어 나라들이 둘러 있게 하였거늘. 겔 5:5

에스겔서 말씀처럼 세계지도를 펴고 예루살렘을 중심으로 지도를 보면, 부흥은 웨일즈에서 시작하여 세계 끝으로 퍼져나갔음을 확인할 수 있습니다. 그러나 안타깝게도 부흥의 불길이 이슬람교, 힌두교, 불교를 주로 믿는 나라들과 공산국가들을 돌아 나오기 전에 1차 세계대전이 발발하고 말았습니다. 1차 세계대전은 그리스도인이 그리스도인을 대항하여 싸운 전쟁이었습니다. 부흥을 경험한 부흥된 그리스도인(revived Christian)이 부흥된 그리스도인과 맞서 싸웠습니다. 생명과 사랑의 메시지를 전하는 대신 서로 원수가 되어 죽음과 파멸을 불러 일으켰습니다.

당시 많은 세계 사람들이 전쟁하는 유럽의 여러 나라를 보면서 "하나님은 정말 살아 계신가?", "만약 그렇다면 하나님은 선하신가?"와 같은 의문을 품었습니다. 그리고 이러한 의문들과 함께 '종교의 영'이 교회 가운데 들어와 '종교심'이 강력한 힘으로 나타났습니다. 교회지도자들은 부흥이 무절제함으로 흘러가게 될까 봐 두려워 성도들을 절제시키고 통제했으며 이는 결국 성령의 역사를 억누르는 결과를 낳았습니다. 사실 그 지도자들은 전쟁이라는 아픔과 혼란 가운데 품은 의문들에 대한 답을 가지고 있지 않았습니다.

여기서 저는 약속의 땅에 들어가지 못한 이스라엘이 떠올랐습니다. 그들은 주님께서 주신 처음 목적을 놓쳤지만, 주님은 그들을 버리지 않으시고 약속의 땅으로 이끄셨습니다. 오늘날도 마찬가지입니다. 주님은 계획하신 것을 절대로 바꾸지 않으십니다. 요엘 선지자를 통하여 그분의 영을 모든 백성에게 부어 주겠다고 하신 약속을 반드시 이루실 것입니다.

그 후에 내가 내 영을 만민에게 부어 주리니 너희 자녀들이 장래 일을 말할 것이며 너희 늙은이는 꿈을 꾸며 너희 젊은이는 이상을 볼 것이며 그 때에 내가 또 내 영을 남종과 여종에게 부어 줄 것이며. 욜 2:28-29

저희는 계속 기도하면서 우물이 죄로 막혀 있다는 것을 깨달앉습니다. 주님은 그 막힌 것을 뚫을 전략을 저희에게 주셨는데 그것은 예배, 특별히 노래하는 것이었습니다.

저는 예배인도자가 아닌 선교사이고 말씀과 기도로 살아가 도록 훈련받은 사람입니다. 그런데 주님은 제게 1904년 웨일즈 에서 시작된 부흥의 물결을 사모하는 열방의 사람들을 모아 7일 동안 노래로 예배하라고 말씀하셨습니다. 설교나 가르침이 아닌 오직 노래로 말입니다. 제 마음은 매우 불편했지만, 주님께서 너 무 정확하게 보여 주셨기에 의심할 수가 없었습니다.

저희 네이션스 선교본부는 웨일즈 부흥이 일어난 장소와 불 과 몇 마일 떨어진 곳에 있었고, 도심에서 멀지 않은 곳에는 '아 이스테드포드(eisteddfodau) 페스티벌'이라는 지역행사를 개최하 려고 2000년도에 의회에서 조성한 넓은 잔디밭이 있었습니다. 그래서 저희는 그 잔디밭을 임대하고 대형 텐트촌을 건설할 계 획을 세웠습니다.

저희에게 비전이 열린 후, 세계 각국으로부터 예배자들을 찾 아 모으기까지 3년이라는 시간이 걸렸고, 드디어 2007년 여름 첫 '열방부흥축제'가 열렸습니다. 열방부흥축제는 아직 주님을 예배하지 못하고 승리를 경험하지 못한 영혼들을 대신하여 열방 에서 모인 예배자들이 그분의 승리를 기뻐하는 축제입니다. 지 금까지 가장 많이 모인 예배자의 수는 1,300여 명이고, 모인 모 두는 온 맘과 힘을 다하여 예배했습니다.

지금까지 훌륭한 리더십 팀과 특별히 수백 명의 한국인들이 함께 했습니다. 저희는 그들의 열정과 헌신에 압도당했습니다.

그들은 이곳에 참석하기 위해 컴퓨터, 기타 등 자신의 값진 소유를 팔기도 했습니다. 인도 북동부, 미국, 유럽, 중국, 그리고 영국의 예배팀까지 많은 나라에서 예배자들이 모였습니다. 물론 그중에는 아직 인격적으로 예수님을 만나지 못한 사람도, 목회자나 친구의 강권으로 어쩔 수 없이 참석한 사람도 있었습니다.

열방부흥축제 기간 동안, 매일매일 하나님의 임재가 분명하게 나타났습니다. 텐트 안은 하나님의 임재로 가득했습니다. 그분의 영광을 매일 보고 경험하는 것은 경이로움 그 자체였습니다. 동네 주민들이 구경왔다가 구원을 받기도 했습니다. 응급상황에 대처하기 위해 고용된 응급처치요원 세인트 존(St John)은 뒤에 앉아 있다가 눈물을 흘리며 예수님께 자신의 인생을 드렸습니다. 명목상 그리스도인이었던 한국 청년들이 예수님을 인격적으로 만났습니다. 주님을 떠났던 영혼들이 다시 주께로 돌아왔습니다. 술주정뱅이들과 노숙자들이 일주일 내내 예배하는 텐트에서 생활하다가 구원을 받고 직업도, 집도 찾았습니다. 우리는 단지 노래했을 뿐이었습니다. 그 예배는 우리의 순종이었고 구주를 향하여 샘솟는 사랑을 쏟아내는 방식이었습니다.

저희는 예배 중에 리더들과 예배인도자들 어느 누구도 선교에 대한 부르심과 헌신에 관하여 이야기하거나 도전하지 않았습니다. 하지만 축제가 끝나면 수많은 사람들이 선교사로서의 새로운 여정을 시작했습니다. 주님은 그곳에 모인 모든 사람들에게 매우 개인적이고 인격적으로 다가가셔서 말씀하셨습니다. 우리는 온종일 서서 노래했고, 또한 무릎 꿇어 엎드려 기도했으며 회개의 눈물을 흘렸습니다.

이제 곧 열두 번째 열방부흥축제를 시작합니다. 저는 이것이 부흥을 위한 '중보적 예배'라고 생각합니다. 지금 이 순간에도 세계 곳곳에서 일어나고 있는 성령의 인도하심 중의 하나라고 생각합니다. 사실 하나님이 당연히 받으셔야 할 예배의 가치에 비하면 저희의 예배는 지극히 작은 일부분에 지나지 않습니다.

지금까지 열방부흥축제에 대하여 나눈 이유는 그곳에서의 예배가 주님과 저와의 시간을 완전히 바꾸어 놓았기 때문입니다. 저는 분명히 말할 수 있습니다. 제가 완전히 좋은 쪽으로 바뀌었다고 말입니다. 무엇보다 저는 예배를 제 삶의 최우선순위로 두게 되었습니다. 예배는 그 어떤 시급하고 긴급한 요청보다 중요합니다. 예배를 통하여 주님이 나의 자리에 좌정하십니다.

예배 가운데 주님께 마음을 고정하면, 우리는 더 넓은 관점을 가지게 되고 어떠한 상황과 사건 속에서도 균형 잡힌 생각을 하게 됩니다. 아무리 고민하고 노력해도 불가능한 일이 주께는 쉬운 일임을 알게 됩니다.

이제 저는 하나님의 보좌가 있는 지성소에 언제든지 들어갈 수 있습니다. 결코 돌아서지 않을 것입니다. 저는 원하면 그곳에 언제든지 머물러 있을 수 있으며 머물러 있으면 있을수록 더 많은 열매를 맺는 존재가 됩니다. '일'을 잘하는 가장 좋은 방법, 그것은 바로 '예배'입니다.

Chapter 5

기도함

기도의 자리에서 산을 옮기다

기도, 귀 기울이는 사랑
그분의 사랑, 나의 사랑
그분의 영원함 그리고
조급함이 있는 나의 시간

기도, 감동적인 만지심
나에게 안긴 힘
그분의 약해짐으로 인해
굳게 설 수 있는 견고한 힘을 발견한 나

기도, 눈과 눈의 마주봄
그분의 시선이 머문 곳은 나의 눈
빛나는 보석들
창조를 위한 영원한 시간

기도, 성찬의 사귐
맞대어진 얼굴과 얼굴
경이로운 연약함
갈보리의 은혜, 나의 죽음

기도, 사랑으로 추는 춤
끌어안은 두 팔
살아 움직이는 생명
왕국의 포도주, 나의 생명!

우리는 '기도'와 '사랑'을 분리할 수 없습니다. 우리가 하나님께 기도할 수 있도록 길을 열어 주신 이유는 우리를 사랑하시기 때문입니다. 기도는 결코 딱딱한 의식도, 마땅히 해야 하는 의무도 아닙니다. 기도란, 주님과 우리의 '사귐'입니다. 온 우주만물의 주인 되시는 주님과 사귀는 시공간입니다. 주님은 우리에게 기도하는 법과 시간을 규정하지 않으셨습니다. 사실 그분은 "항상 기도하라"고 격려하십니다. 믿는 우리에게 기도는 호흡처럼 당연하고 자연스러운 것입니다. 그렇지 않다면 항상 기도하는 것이란 불가능할 것입니다. 기도하는 삶은 매 순간 주님을 인지하는 삶이고 그분의 사랑을 온전히 느끼는 삶입니다.

사도 바울은 그 삶의 비밀을 잘 알고 있었습니다. 그가 기록한 서신서들을 보면 "그리스도 안에"라는 짧은 구절이 많이 등장하는데, 이는 그가 그리스도 안에 사는 법을 알았고, 앞서 1장에서 나눈 신랑과 신부의 친밀한 관계 안에 살았기 때문입니다. 바울은 사랑하는 주님과 하나 되는 것이 무엇인지 정확히 이해하고 있었고, 주님과 온전히 연합하여 기도하고 행동했습니다. 뿐만 아니라 하늘의 영역으로 들어가 그리스도 예수 안에서 함께 앉아 있었습니다.

또 함께 일으키사 그리스도 예수 안에서 함께 하늘에 앉히시니. 엡 2:6

바울은 어떠한 상황에서도 변함없이 하나님을 찬양했습니

다. 심지어 사슬에 묶여 있을 때에도 기도하고 예배했습니다. 다음은 그로부터 수 세기 후에 태어난 미얀마의 선교사 아도니람 저드슨(Adoniram Judson)이 극심한 고문을 당하고 감옥에 수감되어 있을 때의 이야기입니다. 당시 같이 수감되어 있던 죄수가 두 팔이 묶여 고통 가운데 신음하고 있는 그에게 물었습니다.

"지금 버마의 복음화 전망은 어떻소?"

사실 죄수의 이 말은 그를 향한 조롱이었습니다.

"저희의 미래는 하나님의 약속만큼이나 밝습니다!"

아도니람 저드슨도 바울과 같이 하늘에 속한 사람으로 그리스도 예수 안에 함께 앉아 있었습니다.

하나님의 말씀은 우리가 기도 중에 굳게 서 있어야 할 반석입니다. 말씀은 곧 예수 그리스도이십니다. 사랑하는 용사이신 주님은 우리에게 말씀을 주시고 우리의 상황과 상관없이 말씀의 능력이 나타나도록 하십니다. 즉, 기도는 그리스도이신 그분을 소리 내어 말하는 것입니다. 그리고 불가능해 보이는 것을 향하여 생명의 말씀을 불어넣는 것입니다.

기도는 생명과 사랑이 양방향으로 서로 흘러가는 '관계'이며 하나님의 나라를 우리가 사는 이 땅으로 옮겨놓는 '수단'이자 또한 '감정'입니다. 우리는 기도함으로써 예수님을 기쁘시게 하는 능력을 가질 수 있습니다. 주께서 주신 권위를 사용할 수 있습니다. 주님의 고통, 주님의 열망, 주님의 승리로부터 오는 기쁨을 누릴 수 있습니다. 기도는 우리의 영이 '성령'을 향하게 하고, 우리의 마음이 '주님의 마음'을 향하게 하는 길입니다.

거룩한 성찬

뿐만 아니라 기도는 '거룩한 성찬'입니다. 우리는 주님께서 빵(bread, 떡)을 찢어 제자들에게 나누어 주신 식탁으로 초대받은 자들입니다. 예수님은 온 세상을 위하여 자신의 몸을 찢으셨습니다. 자기 자신을 값없이 내어주심으로써 우리의 믿음으로는 가늠조차 할 수 없는 큰 사랑을 나타내셨습니다. 주님은 우리를 위하여 희생하셨습니다. 주님보다 작은 어떤 것이 아닌 그분 자신을 온전히 내어주시기 위하여 생명을 내어주셨습니다.

우리가 손을 내밀어 주님이 주시는 빵을 받을 때, 그분은 우리에게 은밀히 도전하십니다. 그 도전은 바로 기도를 통하여 '밖으로' 나가 그 빵을 나누라는 것입니다. 우리는 주님의 말씀에 순종하면 할수록 내 손에 들려진 빵이 계속해서 늘어나는 놀라운 경험을 할 것입니다. 축복하면 할수록 더 많은 축복이 흘러가는 것을 볼 것입니다. 그런데 우리가 더 나눌수록, 더 기도할수록 우리는 예수님처럼 찢겨져야 합니다. 누군가의 고통을 함께 느끼고 잃어버린 영혼들을 바라보며 아파해야 합니다.

우리가 모두와 빵을 나누어 먹었다고 해서 성찬이 끝난 것은 아닙니다. 이후로 예수님은 '잔'을 들어 우리에게 주십니다. 이로써 주의 피로 맺어진 언약의 잔, '희생'이 완성됩니다. 하나님의 어린양은 자신의 피를 모두 쏟아내심으로써 모든 죄와 질병, 그리고 어둠의 권세를 이기셨습니다. 우리가 그 잔을 받으려면 빵을 받았던 그때처럼 믿음과 감사로 손을 내밀어야 합니다. 잔은 하나님 나라의 포도주로써 우리의 기쁨이자 사랑의 궁극적 증표입니다.

피, 즉 보혈은 우리에게 주어진 무기입니다. 우리는 그리스도께서 완성하신 사역 안에서 우리 인생을 살펴보아야 합니다. 고통, 의심, 두려움 등 모든 것을 압도하시는 그분의 사역 안에서 우리 삶을 똑바로 보아야 합니다. 그러면 보혈을 의지하여 강하신 주님과 함께 정복자의 모습으로 설 수 있습니다. 주의 보혈로 우리 죄는 말갛게 씻기어지고, 우리는 자유함을 얻었습니다.

우리는 어둠이 우리 사회를 장악해가고 고통이 더해지는 것을 볼수록 더욱 소망의 자리로 나아가야 합니다. 하나님의 나라가 가까이 왔습니다. 이 땅에 다시 오겠다고 하신 주님의 약속은 반드시 이루어집니다.

우리는 십자가만으로 충분합니다. 승리는 이미 우리의 것입니다. 그리고 우리의 기도는 "사랑은 절대로 실패하지 않는다"라는 선포입니다.

죄에 대하여

저는 앞에서 나눈 모든 것을 알고 또 경험했음에도 불구하고 기도 가운데 무기력함을 느낄 때가 종종 있습니다. 예를 들어, 상처로 아파하고 우울증으로 괴로워하는 이들이 제 마음에 찾아올 때에 그렇습니다. 그 마음은 기도의 집중력을 잃게 만들거나 더 큰일을 위해 기도해야 할 때를 놓치게 만들기도 합니다. 결과적으로는 담대함을 잃게 만듭니다.

성경은 모든 죄의 뿌리가 '불신앙'이라고 말합니다. 예수님은 십자가에 달리시기 전에 남은 귀한 시간 동안, 제자들에게 성령에 대하여 가르치셨습니다.

> 그러나 내가 너희에게 실상을 말하노니 내가 떠나가는 것이 너희에게 유익이라 내가 떠나가지 아니하면 보혜사가 너희에게로 오시지 아니할 것이요 가면 내가 그를 너희에게로 보내리니 그가 와서 죄에 대하여, 의에 대하여, 심판에 대하여 세상을 책망하시리라 죄에 대하여라 함은 그들이 나를 믿지 아니함이요 의에 대하여라 함은 내가 아버지께로 가니 너희가 다시 나를 보지 못함이요 심판에 대하여라 함은 이 세상 임금이 심판을 받았음이라. 요 16:7-11

요한복음 말씀과 같이 성령의 사역 중 하나는 우리에게 죄를 깨닫게 하는 것입니다. 죄의 뿌리는 단순합니다. 예수님을 믿지 않는 것입니다. 또한 그분이 하신 일을 믿지 않는 것입니다. 반면, 믿음은 심판 앞에서 우리를 담대하게 하고 하나님을 기쁘시게 합니다.

바울은 로마서에서 "믿음을 따라 하지 아니하는 것은 다 죄니라"(롬 14:23)고 가르칩니다. 즉, 믿음과 죄는 서로 정반대입니다. 우리가 죄에서 벗어나려면 믿음을 가져야 합니다. 그렇다면 어떻게 나의 불신앙을 제거할 수 있을까요? 예수님께 귀신 들린 아들을 고쳐 달라고 찾아온 아버지의 마음을 저도 동일하게 느낍니다.

내가 믿나이다 나의 믿음 없는 것을 도와주소서. 막 9:24

그의 안에는 확실한 믿음이 있었습니다. 그러나 동시에 의심도 있었습니다. 그래서 그 안에 죄도 있었습니다. 앞에서 나누었듯 성령님이 우리의 친구가 되어 주시는 곳은 바로 우리의 마음입니다.

예수님은 우리에게 이렇게 약속하십니다.

내가 아버지께 구하겠으니 그가 또 다른 보혜사를 너희에게 주사 영원토록 너희와 함께 있게 하리니. 요 14:16

성경 번역자들은 '보혜사'(Helper, 돕는 자)라는 단어를 선택할 때에 매우 고심했습니다. 보혜사의 헬라어 원어는 '파라클레토스'(parakletos)로 표현하기 어려울 만큼 귀한 가치를 지닌 말입니다. 바로 '돕는 자', '중보자', '위로자', '변호자', 그리고 '도움을 주기 위하여 함께 있는 조력자' 등의 의미를 가지고 있습니다. 예수님은 요한복음 14장 16절 말씀에서 성령을 "또 다른 파라클레토스"라고 말씀하십니다. 그것은 예수님 외에 또 다른 존재가 있음을 의미합니다. 예수님은 하늘에서 우리의 돕는 자, 변호자,

그리고 중보자가 되어 주십니다. 그리고 성령님은 이 땅에서 예수님과 함께 우리의 돕는 자, 변호자, 그리고 중보자가 되어 주십니다. 예수님과 성령님은 하나이시고 우리를 향하신 사랑도 하나이십니다. 성령님도 우리의 사랑하는 용사이십니다. 그분은 우리 안에 거처를 마련하시고 우리 대신 싸워 주시기 위하여 우리에게 오십니다.

성령님은 우리로 불신앙에서 기인한 세상 죄를 깨닫도록 도와주십니다. 그래서 불신앙은 내 죄를 깨닫고 하나님의 영이 충만하도록 나 자신을 내어드려야만 제거할 수 있습니다. 여기서 죄를 깨닫는 것은 정죄와 완전히 다릅니다. 종종 우리는 정죄감에 빠져 허우적대며 고통 가운데 갇혀 있곤 하는데, 그때 기억해야 할 것은 구원의 길이 항상 우리에게 열려 있다는 것입니다. 하나님은 결코 우리를 정죄하지 않으시는 분입니다.

우리는 죄를 깨닫게 하시는 성령님의 일하심을 통하여 나의 구체적인 죄와 불신앙을 깨달을 수 있습니다. 저는 저희 선교단체와 함께 이집트에 방문했던 때를 또렷이 기억합니다. 그때 어느 영향력 있는 기독교 모임에 참석했는데, 강사는 저희에게 "치유하시는 하나님을 믿으라"고 도전했습니다. 십수 년 전부터 천식으로 고생해온 저는 치유를 위하여 기도하면서 제가 믿음으로 굳게 서 있어야 함을 강하게 느꼈습니다. 그런데 믿음의 확신을 가지고 기도했던 그날 밤 바로 천식 발작이 일어났습니다. 저는 발작으로 인한 고통보다 마음이 낙심되어 더 힘들었습니다. 무거운 마음을 안고 친구와 대화를 나누는 가운데 그가 이렇게 물었습니다.

"주님께서 널 치유해주실 것을 확실히 믿니?"

제가 그렇다고 대답하자 친구는 이렇게 도전했습니다.

"그러면 가지고 다니는 호흡기를 버려!"

저는 온전히 믿는다고 확신하고 있었는데 그 말을 듣는 순간, 여전히 제 마음 한켠에 불신앙이 자리 잡고 있다는 것을 깨달았습니다. 결국 '내 믿음이 부족했다'는 사실이 저를 혼란스럽게 했고, 저는 그 불신앙을 어떻게 떨쳐내야 할지 몰랐습니다.

저는 호흡기를 쓰레기통에 던질 만큼의 믿음은 없었습니다. 지금 돌아보면, 그때 성령님은 그 시간을 제게 허락하심으로써 제가 그분이 원하시는 것을 깨닫도록 이끌어 주고 계셨습니다. 저는 혼란스러운 마음을 내려놓고 제 불신앙을 회개하기 시작했습니다. 믿음의 확신과 불신앙이 제 안에 동시에 존재함을 인정하고 자백하면서 간절히 부르짖었습니다.

다음 날 저희는 함께 성찬식을 했습니다. 저는 십자가에 달리신 예수님의 모습을 그리며 가만히 서 있었습니다. 그때 제 머릿속에 한 '그림'이 그려졌고, 저를 바라보시는 예수님의 시선이 느껴졌습니다. 주님은 제 곁에서 아무 말씀도 하지 않으시고 그저 숨을 쉬기 위하여 안간힘을 쓰며 아픔을 호소하고 계셨습니다. 순간 저는 예수님께서 제 천식을 가져 가셨음을 확신했습니다. 이제 저는 더 이상 호흡기를 들고 다닐 필요가 없었습니다. 주께서 제 질병과 함께 십자가에 달려 돌아가셨기 때문입니다. 저는 자유케 되었습니다!

저는 기쁜 마음으로 늘 가지고 다니던 호흡기를 버렸습니다. 그런데 이후 며칠 밤 동안 몸이 기억하고 있는 천식 증상으로 너무 괴로웠습니다. 저는 믿음의 확신을 가지고 계속 맞서 싸웠고, 주님은 그 증상까지도 완전히 가져가 주셨습니다.

제가 호흡기를 쓰레기통에 던져버린 그해 말, 저는 저희 단체가 사역하는 티베트 고원지대를 방문했습니다. 현지 사역팀은 이제 막 도착한 저희를 데려가 고원지대에서 잘 견딜 수 있는지 알아보기 위해 폐 검사를 했습니다. 결과가 나왔을 때, 모두 깜짝 놀랐습니다. 결과지에 나온 제 호흡 수치가 매우 높았기 때문입니다. 그곳에서 오래 사역한 팀원들보다 훨씬 높은 수치였습니다.

예수님의 치유의 손길이 얼마나 놀라운지요! 성령님의 깨닫게 하심이 얼마나 귀한지요! 이와 같이 성령님은 우리 안에 자라나는 불신앙과 직면하도록 우리를 이끌어 주십니다. 이는 우리를 구원하시기 위한 하나님의 뜻입니다.

제 간증을 마무리하며 덧붙여야 할 것이 하나 있습니다. 여기서 저는 약을 먹거나 의학적 치료를 받는 일이 잘못된 행동이라고 지적하는 것이 아닙니다. 또한 믿음의 확신과 깨달음이 없는데 무조건 약을 버리라고 조언하는 것도 아닙니다. 저는 하나님이 주시는 확신과 깨달음 없이 자신만의 믿음으로 행동하는 이들을 지지하지 않습니다. 그러나 주께로부터 확실한 치유의 메시지를 받았다면, 지금까지 나눈 말씀을 붙잡고 믿음의 자리로 나아가 굳건히 서시길 권합니다. 제가 전하고자 하는 핵심은 이것입니다. 성령님이 우리 안에 자리 잡은 불신앙의 뿌리를 제거하시도록 우리 자신을 그분께 내어드려야 한다는 것입니다.

우리 중 어느 누구도 예수님이 십자가에 달려 돌아가신 것을 직접 본 사람은 없습니다. 오직 단 한 분 성령님만이 증인이 되어 주십니다. 그분은 천식의 치유 과정에서 드러난 제 불신앙을 이미 알고 계셨고, 예수님이 돌아가실 때 그 불신앙도 죽음 안으로 들어가는 것을 목격하셨습니다. 이와 같이 성령님은 우리와 늘 동행하시면서 죄가 우리를 사로잡지 못하도록 십자가의 증인이 되어 주십니다.

우리는 불신앙을 직면할 때마다 주님의 도우심과 구원하심을 위해 부르짖어야 합니다. 그러면 주님이 찾아오셔서 그분 자신을 계시해주실 것입니다. 주님은 우리의 돕는 자, 친구, 조력자, 그리고 중재자가 되어 주십니다. 우리는 불신앙으로부터 자유케 하시는 그분을 영접하고 그분이 우리 안에서 일하시도록 나 자신을 내어드릴 때, 우리 안에 주님이 거하실 믿음의 자리가 넓어지는 것을 발견하게 될 것입니다.

의에 대하여

의인의 간구는 역사하는 힘이 큼이니라 엘리야는 우리와 성정이 같은 사람이로되 그가 비가 오지 않기를 간절히 기도한즉 삼 년 육 개월 동안 땅에 비가 오지 아니하고. 약 5:16-17

혹시 낮은 자존감이나 자신이 무가치하게 느껴지는 감정으로 인해 괴로웠던 적 있나요? 그러한 감정들은 우리가 기도 가운데 믿음으로 나아가는 것을 방해합니다. 그리고 우리 안에 "엘리야는 나보다 훨씬 의로운 사람이잖아"와 같은 막연하고 거짓된 생각이 자리 잡도록 만듭니다.

만약 지금 당신이 그러하다면 우리를 위하여 싸우시는 귀한 친구 성령님을 만나야 합니다. 성령님은 우리 안에 자리 잡은 불신앙뿐 아니라 '의'에 대해서도 깨닫게 해주십니다. 예수님은 그분에 대하여 이렇게 말씀하십니다.

> 그가 와서 죄에 대하여, 의에 대하여, 심판에 대하여 세상을 책망하시리라 죄에 대하여라 함은 그들이 나를 믿지 아니함이요 의에 대하여라 함은 내가 아버지께로 가니 너희가 다시 나를 보지 못함이요. 요 16:8-10

예수님은 하늘 아버지께 가기 위하여 고통의 지점을 통과하셔야만 했습니다. 거기는 주님이 우리의 의를 완성시키신 곳입니다. 그리고 성령님이 주님과 함께 하시며 그 모든 것을 목격한 증인으로 계신 곳입니다. 성령님이 증인으로 계셨던 이유는 주를 믿는 자마다 하나님의 의가 되게 하시기 위함이었습니다.

> 하나님이 죄를 알지도 못하신 이를 우리를 대신하여 죄로 삼으신 것은 우리로 하여금 그 안에서 하나님의 의가 되게 하려

하심이라. 고후 5:21

우리는 죄를 깨닫는 순간, 바로 회개해야 합니다. 그러고 나서 내가 예수의 보혈로 깨끗하게 되었음을 받아들여야 합니다. 그런데 우리는 너무도 쉽게, 그리고 자주 모호한 죄책감과 수치심이라는 어리석은 감정을 자신 안으로 끌고 들어갑니다.

사탄은 불특정한 죄책감 혹은 수치심을 느끼도록 우리를 미혹합니다. 합법적인 어떠한 권리도 없으면서 마치 정죄할 자격이 있는 양 행세합니다. 그러한 미혹이 찾아올 때, 우리는 성령님이 우리 안에 오시도록 초청해야 합니다. 그러면 우리 안에 한 빛이 비칩니다. 그 빛은 자신에게 무슨 권리가 있는 양 끊임없이 우리를 정죄하는 사탄을 드러내고, 우리 죄를 책망합니다. 또한 의를 깨달을 수 있도록 확신 가운데로 인도합니다. 그 의는 바로 예수님이 십자가에서 그분의 사역을 완성하심으로써 이루신 의이고, 우리는 그 공로로 인하여 의롭게 됩니다.

우리는 '재창조된 새로운 피조물'이라는 실재 안에서 의롭게 살아갈 수 있습니다. 죄를 지으려고 노력하지 않는 한, 거듭난 자로서 의로워졌다는 확신 안에서 살아갈 수 있습니다. 성령님은 우리 안에서 바로 이것에 대하여 증언해주십니다.

우리는 진리를 굳게 지키기 위하여 날마다 씨름해야 합니다. 믿음은 들음에서 나며 들음은 그리스도의 말씀으로 말미암습니다(롬 10:17). 우리는 말씀을 묵상함으로써 자신을 단련시켜야 합니다. 진리 안에 흠뻑 잠길 수 있도록 늘 성령님을 초청해야 합니다. 그래야만 그리스도 안에서 우리가 진정 누구인지를 알고 그리스도의 신부인 우리에게 주신 권세가 무엇인지 그 실재를 볼 수 있습니다.

> 예수께서 그들에게 대답하여 이르시되 하나님을 믿으라 내가 진실로 너희에게 이르노니 누구든지 이 산더러 들리어 바다에 던져지라 하며 그 말하는 것이 이루어질 줄 믿고 마음에 의심하지 아니하면 그대로 되리라 그러므로 내가 너희에게 말하노니 무엇이든지 기도하고 구하는 것은 받은 줄로 믿으라 그리하면 너희에게 그대로 되리라. 막 11:22-24

믿음의 기도는 참으로 강력합니다! 예수님은 "주님, 제발 산을 옮겨 주세요"라고 기도하지 말고, 우리에게 직접 믿음의 기도로 산을 들어 바다에 던져 옮기라고 말씀하십니다. 기도는 나의 필요를 채우기 위해 요구사항을 나열하는 것 이상이며 또한 완전한 것입니다. 주님은 하늘의 권능을 땅에 풀어 놓으셨습니다. 그리고 그 역동적인 관계 안으로 들어가도록 우리를 인도하고 계십니다.

심판에 대하여

그가 와서 죄에 대하여, 의에 대하여, 심판에 대하여 세상을

책망하시리라 … 심판에 대하여라 함은 이 세상 임금이 심판

을 받았음이라. 요 16:8,11

성령님은 죄에 대하여, 의에 대하여, 그리고 심판에 대하여
세상을 책망하십니다. NIV 버전은 11절 말씀을 "the prince of
this world 'now' stands condemned", 즉 "이 세상의 통치자는
'지금' 유죄 선고를 받은 상태로 서 있습니다"라고 표현합니다.

우리는 십자가의 공로로 인하여 자유함을 얻었고, 사탄은 심
판과 정죄를 받는 상태로 들어갔습니다. 부활하신 예수님은 우
리에게 "하늘과 땅의 '모든' 권세를 내게 주셨으니"(마 28:18)라고
선포하십니다. 그러므로 사탄은 이제 더 이상 어떠한 권세도 행
사하지 못합니다. 이미 십자가 앞에 무력화되었습니다.

또 범죄와 육체의 무할례로 죽었던 너희를 하나님이 그와 함
께 살리시고 우리의 모든 죄를 사하시고 우리를 거스르고 불
리하게 하는 법조문으로 쓴 증서를 지우시고 제하여 버리사
십자가에 못 박으시고 통치자들과 권세들을 무력화하여 드러
내어 구경거리로 삼으시고 십자가로 그들을 이기셨느니라. 골
2:13-15

그럼에도 불구하고 사탄은 지금도 수십억 영혼들을 사로
잡아 고통을 주고 있습니다. 어떻게 그것이 가능할 수 있을까
요? 그것은 사탄의 힘이 바로 혀에 있기 때문입니다. 사탄은 하

나님의 말씀을 위조하는 '거짓의 능력'으로 사람들의 마음을 조종하고 질투와 미움을 불러일으킵니다. 결혼생활을 파괴하고 연약한 자들을 넘어뜨리며 권력욕을 부추기고 미혹하는 종교를 만듭니다.

사탄의 거짓은 끊임없는 불법적 상태를 불러옵니다. 오늘날 수많은 남녀가 자기 양심을 외면하고 창조의 법으로부터 떠나 자신만의 성을 만듭니다. 그들은 결국 하나님의 명령을 거절하여 타락의 희생자가 됩니다. 예수님은 우리에게 마지막 때일수록 "불법이 성하므로 많은 사람의 사랑이 식어지리라"(마 24:12)고 경고하십니다. 우리가 하나님을 사랑하면 그분의 계명에 순종하고 형통을 누릴 것입니다. 그러나 불순종하면 사랑이 식어져 미움이 그 마음을 지배할 것입니다.

우리의 무기는 '하나님의 말씀', 곧 진리입니다. 그리고 주님의 길, 주님의 법, 주님의 왕국입니다. 세상과의 싸움이 맹렬함을 잘 아시는 주님은 우리를 결코 고아처럼 버려두지 않으실 것입니다. 그리고 용사이신 성령님은 원수의 패배를 깨닫게 하심으로 우리가 어떤 상황에서도 진리를 선포하도록 도우실 것입니다. 사랑이 승리합니다!

우리는 주님이 맡기신 일을 하시도록 보혜사 성령님께 우리 자신을 내어드릴 때, 주님을 향한 사랑이 식지 않고, 내가 진정 누구인지 명확하게 알게 될 것입니다. 그리고 기도하는 가운데 하나님이 진리의 말씀을 어떻게 사용하시는지, 우리가 산을 향하여 어떻게 명령해야 하는지 알게 될 것입니다.

성령님은 우리가 마땅히 기도할 바를 알지 못할 때 말할 수 없는 탄식으로 친히 우리를 위하여 간구해주십니다.

성령도 우리의 연약함을 도우시나니 우리는 마땅히 기도할 바를 알지 못하나 오직 성령이 말할 수 없는 탄식으로 우리를 위하여 친히 간구하시느니라. 롬 8:26

우리는 상담자 되시는 성령님을 통하여 이미 우리 안에 심겨진 하나님의 나라를 이해하고, 그 나라를 다른 누군가에게도 전하게 될 것입니다.

국왕을 위한 기도

저는 당시 사역하던 이슬람 국가에서 또 다른 사역자와 함께 '기도의 날'을 정해놓고 기도에 힘쓰기로 결단했습니다. 보통은 삼사십 명의 동역자들과 함께 모여 기도하는데, 저희가 정한 시간은 수천 마일 떨어져 있는 그들이 쉽게 모일 수 있는 시간대가 아니라 저희 둘만 기도의 자리를 지켜나갔습니다. 그러던 어느 날, 기도 가운데 이 말씀이 저희에게 임했습니다.

그러므로 내가 첫째로 권하노니 모든 사람을 위하여 간구와 기도와 도고와 감사를 하되 임금들과 높은 지위에 있는 모든 사람을 위하여 하라 이는 우리가 모든 경건과 단정함으로 고요하고 평안한 생활을 하려 함이라. 딤전 2:1-2

저희는 말씀에 순종하여 그 이슬람 국가의 국왕을 축복하며 기도하기 시작했습니다. 기도할 때마다 저희 안에서 말씀이 흘러나왔고, 성령님께서 하나님 아버지의 심장으로 저희를 강하게 이끌고 가시는 것이 느껴졌습니다. 사실 저희가 볼 때, 그는 약점도 많고 그리 좋은 사람이 아니었습니다. 그러나 기도하면 할수록 하나님이 그를 얼마나 사랑하시는지 느껴졌습니다.

이슬람 국가의 작은 시골마을에서 두 젊은 여성이 국왕을 위해 기도한다고 해서 과연 무슨 변화가 일어날까요? 그러나 저희는 주님께서 주신 권세를 가지고 만왕의 왕이신 하나님의 딸로 담대히 섰습니다. 심지어 그를 위해 기도하지 않을 때에도 그를 향한 마음이 더해져서 동역자들에게도 그의 구원을 위하여 기도를 부탁했습니다. 물론 그가 구원을 받았다는 소식을 듣거나 목격하는 일은 없었습니다.

다만 저희는 바울이 디모데에게 전했던, 즉 우리가 앞서 나눈 디모데전서 말씀을 굳게 붙잡고 이 나라가 복음에 대하여 어떤 방식으로든 열리기를 간절히 구했습니다. 현실적으로는 이슬람 국가에서 무슬림 국왕이 복음 전파를 위해 나라를 개방한다는 것이 불가능했지만, 그 기도는 해가 지나도 멈추지 않고 더욱 깊어졌습니다. 예수님께서 하늘 아버지 앞에서 그를 위하여 중보하시는 것이 느껴졌습니다.

어느 날, 타국을 방문 중이던 저는 우연히 라디오 방송에서 지금까지 기도해온 국왕이 국가유공자들에게 마태복음을 읽으라고 권하는 깜짝 놀랄 말을 들었습니다. 그리고 얼마 지나지 않아 그는 서점에서 성경을 판매할 수 있도록 하겠다고 발표했습니다. 저희는 즉시 가까운 도시의 서점으로 달려가 그것이 시행되고 있는지 직접 눈으로 확인했습니다. 정말로 성경이 여느 평범한 책과 함께 진열대에 놓여 있었습니다! 더 이상 성경책을 몰래 숨겨 들어가지 않아도 된 것입니다.

그러나 안타깝게도 수개월 후 무슬림 지도자들의 압력으로 복음의 문은 다시 닫히고 말았습니다. 하지만 그것이 끝이 아니었습니다. 이미 수천수만 권의 성경이 판매되어 전해졌기에 저희는 참으로 감사하고 기뻤습니다.

왕의 마음이 여호와의 손에 있음이 마치 봇물과 같아서 그가 임의로 인도하시느니라. 잠 21:1

우리는 기도하였고, 주님은 그의 손을 잡고 움직이셨습니다!

Chapter 6

소리됨

사랑하는 주님의 소리가 되다

당신의 목소리를 찾습니다
당신은 많은 말을 합니다
그러나 나는 당신의 목소리를 찾습니다
오직 침묵 안으로 들어가야 들을 수 있다
고요함을 향하여 귀를 기울이라
기다리라

소음들이 사라져야 합니다
부드러운 부르심, 고요함 속에 있는 신뢰가 밀려옵니다
지진, 바람, 그리고 불은 단지 파괴할 뿐이다
나는 생명을 낳으라고 너를 부르노라
기다리라

당신의 심장은 나의 심장과 함께
천국의 고동침으로 이 땅에 말씀하십니다
너의 심장은 여전히
나의 심장으로 고동치며 넘쳐날 것이다
너의 목소리가 나의 의지를 선포한다
창조하라

일반적으로 광야에서 생활하는 것은 무척 어려운 일입니다. 하지만 하나님은 이스라엘 백성이 광야를 지날 때, 필요한 모든 것을 공급해주시고 안전하게 지켜 주셨습니다. 심지어 그들이 밖으로 나가 광주리에 거두어 담기만 하면 먹을 수 있는 만나도 매일 내려주셨습니다. 그런데 그곳에는 하나님을 향한 '말'이 들리지 않았습니다. 어떠한 '소리'도 들리지 않았습니다. 사실 전쟁으로 인도되기 전까지 그곳에는 어떠한 '간증'도 없었습니다.

믿는 성도인 우리도 마찬가지입니다. 매일 하나님이 주시는 만나를 거두며 주어진 삶을 살아냅니다. 아마도 당신은 좋은 사람으로 살아가면서 사랑의 관계를 맺고 교제를 나누며 모임과 집회 등에 참여하고 있을 것입니다. 그런데 당신은 왜 속한 공동체와 사회에 아주 작은 영향만 끼칠 뿐일까요? 그 이유는 당신이 복음을 위하여 땅을 차지하지 않고 있기 때문입니다. 즉, 아직 전쟁의 한가운데로 나아가지 않고 있기 때문입니다.

바울은 에베소서 6장에서 우리의 싸움은 사람들과 맞서 싸우는 것이 아닌 통치자들과 권세자들과의 전투라고 상기시켜 줍니다. 그렇다면 우리는 어떻게 적을 정복하고 이길 수 있을까요?

또 우리 형제들이 어린양의 피와 자기들이 증언하는 말씀으로서 그를 이겼으니 그들은 죽기까지 자기들의 생명을 아끼지 아니하였도다. 계 12:11

어린양 예수 그리스도를 찬양합니다! 갈보리에서 승리하신 그분을 찬양합니다! 우리는 십자가만으로 충분합니다. 예수의 피는 우리를 정결하게 하고, 정복하여 이길 수 있는 영원한 생명을 줍니다. 예수님은 그분의 사역을 완성하셨고, 전쟁에서 완전히 승리하셨습니다. 이제 우리는 그 승리를 선포해야 합니다! 그것이 예배 가운데 외쳐야 할 함성소리가 되게 해야 합니다. 우리가 소리를 내어 선포하며 땅을 차지할 때, 그것은 우리에게 간증이 될 것입니다.

전쟁에 나가 새로운 땅을 차지하려면 무엇보다 무기가 필요합니다. 무기 없이는 절대 불가능합니다. 예수님께서는 우리 손에 '검'을 쥐여 주시는데 그것은 '말씀', 즉 우리의 간증이 되는 말씀입니다.

> 구원의 투구와 성령의 검 곧 하나님의 말씀을 가지라 모든 기도
> 와 간구를 하되 항상 성령 안에서 기도하고 이를 위하여 깨어
> 구하기를 항상 힘쓰며 여러 성도를 위하여 구하라. 엡 6:17-18

우리의 '무기'는 하나님께서 우주를 창조하실 때에 사용하신 무기와 똑같습니다. 하나님은 그 무기를 통하여 그분의 왕국을 이 세상의 시공간 안으로 가져오셨습니다. 그것은 바로 '영의 말씀'입니다. 말씀은 예수님 그분 자신이십니다. 주님의 존전, 주님의 약속, 주님의 목적입니다.

태초에 말씀이 계시니라. 요 1:1

앞에서 나누었듯이 '말씀'은 헬라어로 '로고스'(logos)입니다. 로고스는 형이상학적 실재나 사물을 이해할 수 있는 '법칙' 혹은 '의미'라는 뜻도 가지고 있습니다. 그렇다면 우리는 요한복음 1장 1절 말씀을 다음과 같이 번역할 수 있습니다.

태초에 의미가 있었다.
In the beginning was the meaning.

하나님은 창조하실 때에 혼돈 안에서 '의미'(meaning)를 말씀하셨습니다. 또한 타락한 이 세상의 혼돈 가운데 여전히 '의미'를 이야기하고 계십니다. 그리고 우리와 함께 이야기하자고 우리를 부르고 계십니다.

우리의 간증이 되는 말씀

신약성경에서 '간증'이라는 단어는 '증언' 또는 '순교'라는 단어로 사용됩니다. 우리의 간증은 주님께서 우리에게 말씀하신 것, 또는 우리를 위하여 행하신 일들에 대하여 우리가 목격한 것을 증언하는 것입니다. 간증의 가장 참된 의미는 '정말로 죽을 준비가 되어 있다'입니다.

보통 간증이라고 하면 내가 구원받았을 때의 이야기를 하는 것으로 생각합니다. 물론 그것도 틀린 것은 아니지만, 실상은 그보다 훨씬 더 깊은 의미를 가지고 있습니다. 또한 간증은 매일의 일상에서 누리는 축복에 대하여 나누는 것이기도 하지만, 그보다 훨씬 깊은 '어떤 것'을 말하는 것입니다. 즉, 주님께서 우리에게 하시는 말씀이나 우리가 주를 의지하여 외치는 말씀으로, 지금 당장은 드러나 보이지 않는 것 일 수도 있습니다. 우리의 간증은 "하나님은 신실하시며 그분의 말씀은 반드시 열매를 맺는다"고 선포하는 것입니다.

여호수아는 밟는 모든 땅이 너희의 것이 되리라는 약속을 받았습니다(수 1:3). 먼저 여호수아(Joshua)라는 이름의 어원은 예수(Jesus)라는 이름의 어원과 같습니다. 그 어원은 '구원'을 의미합니다. 즉, 여호수아는 예수님의 '전신'이었습니다. 예수님은 십자가에서 사탄의 머리를 밟으시고(창 3:15) 사탄이 도둑질한 땅, 곧 열방의 모든 나라를 되찾으셨습니다.

우리도 여호수아에게 주신 약속의 말씀을 받은 자입니다. 예수님이 십자가에서 완성하신 '선'(good)으로 들어가는 유산을 받은 자입니다. 우리가 일어나 하나님의 왕국을 위하여 나아간다면, 발로 밟은 모든 땅을 얻게 될 것입니다.

지금부터는 여호수아가 어떻게 행하였는지에 대하여 함께 살펴보겠습니다.

순종함으로

'간증'은 앞서나가며 길을 예비합니다. 가나안 사람들은 이스라엘 백성이 약속의 땅으로 들어오기 전부터 그들을 두려워했습니다. 그 이유는 모세와 여호수아가 하나님의 말씀에 순종하는 삶을 살았기 때문입니다. 라합은 여호수아가 여리고 성으로 보낸 정탐꾼들에게 다음과 같이 말했습니다.

여호와께서 이 땅을 너희에게 주신 줄을 내가 아노라 우리가 너희를 심히 두려워하고 이 땅 주민들이 다 너희 앞에서 간담이 녹나니 이는 너희가 애굽에서 나올 때에 여호와께서 너희 앞에서 홍해 물을 마르게 하신 일과 너희가 요단 저쪽에 있는 아모리 사람의 두 왕 시혼과 옥에게 행한 일 곧 그들을 전멸시킨 일을 우리가 들었음이니라. 수 2:9-10

우리가 순종의 한 걸음을 내딛는 순간, 사탄은 이미 우리를 두려워하기 시작한다는 사실을 우리는 알아야 합니다. 우리의 순종은 적들의 입에 오르내리는 간증이 됩니다.

여호수아는 모세를 이어 가나안 땅으로 백성을 인도하라는 위임을 받았고, 하나님은 모세와 함께 하셨듯이 그와 함께 하셨습니다. 여호수아에게 찾아온 첫 번째 믿음의 시험은 요단강이었습니다. 그에게는 40년 전부터 간직해온 간증이 하나 있었는데, 그것은 모세가 주께 순종하여 홍해를 갈랐던 때의 간증입니다. 여호수아는 그 놀라운 기적을 보았고 직접 그 마른 땅을 걸어서 건넜습니다. 그리고 이제 그가 약속의 땅으로 들어가려는 순간, 한 가지 장애물을 만납니다. 그것은 금방이라도 넘칠 듯한 요단강이었습니다.

여호수아는 주님의 임재를 사모하여 회막을 떠나지 않은 자 (출 33:11)였고 말씀이신 주님을 묵상하는 자였습니다(수 1:8). 또한 모세의 수종자였습니다. 아마도 모세는 여호수아가 자신의 모든 행동을 그대로 답습하지 않고, 스스로 주께 나아가 말씀을 들을 수 있도록 가르쳤을 것입니다. 그러했기에 여호수아는 요단강 앞에서 모세가 홍해 위로 손을 내밀었던 것과 같이 행동하지 않았습니다. 그가 요단강 앞에 선 그날은 새로운 날이었고, 그들에게는 또 다른 새로운 전략이 필요했습니다.

주님은 여호수아에게 새로운 말씀을 하십니다.

너는 언약궤를 멘 제사장들에게 명령하여 이르기를 너희가
요단 물가에 이르거든 요단에 들어서라 하라. 수 3:8

그 새로운 날은 이스라엘 백성이 물리적으로 땅을 차지하기 시작한 첫날이었습니다. 그리고 그들을 향한 하나님의 말씀은 약속의 땅을 차지하기 위하여 '발을 어디에 두어야 하는지'에 관한 내용이었습니다. 제사장들은 거친 강으로 들어가 두 발로 '서 있어야' 했습니다!

제사장들을 순종으로 이끈 것은 '법궤'였습니다. 그들은 자신

들의 어깨에 메고 옮기는 법궤가 하나님의 임재요 그분의 존전임을 알았습니다. 그리고 마침내 순종함으로 하나님과 함께 요단강에 발을 내딛은 그들은 주님의 '소리'가 되어 "하나님의 말씀은 참되다"라고 선포하고 있었습니다!

그 새로운 날 이스라엘 백성은 약속의 땅에 발을 내딛을 때, 기적이 일어난다는 것을 경험했습니다.

> 너희 발바닥으로 밟는 곳은 모두 내가 너희에게 주었노니.
> 수 1:3

주님의 소리

잘 알려진 오래된 몇몇 찬송가들이, 약속의 땅이 단지 우리가 죽어서 가는 곳으로 착각하게 만들지만 우리는 아브라함의 자손이며 '세상의 상속자'입니다!

> 아브라함이나 그 후손에게 세상의 상속자가 되리라고 하신 언약은 율법으로 말미암은 것이 아니요 오직 믿음의 의로 말미암은 것이니라. 롬 4:13

여호수아는 물리적인 전쟁의 승리로 땅을 차지하였고, 십자가의 사건 이후 우리는 영적 전쟁, 영혼을 살리기 위한 전쟁으로 땅을 차지합니다. 여호수아의 전쟁과 우리의 전쟁은 분명 다르지만 사용하는 무기는 똑같습니다. 그것은 바로 하나님의 말씀, 곧 성령의 검입니다.

여호수아는 이스라엘 백성에게 주님의 명령을 전했고, 그의 소리는 한 민족을 향한 주님의 소리가 되었습니다. 우리 대부분이 한 민족이나 국가를 향해 명령하거나 말하는 위치에 있는 것은 아니지만, 우리도 여호수아처럼 이웃과 직장 동료들에게 말할 수 있습니다. 바로 성령님께서 우리 마음에 두신 메시지를 말입니다. 우리는 세상을 향하여 답을 줄 수 있는 자입니다. 먼저 기도로 '말'하고 그다음 주의 인도하심을 따라 '행동'한다면, 우리는 하나님의 소리가 될 것입니다. 그렇다면 우리가 주님을 위하여 어떻게 새로운 땅을 취하지 않을 수 있을까요!

믿음의 전투

여호수아가 여리고의 높은 성벽 아래에 서서 위를 올려다보았을 때, 어떤 느낌이었을지 궁금합니다. 당신은 진행하는 일이나 품어온 꿈이 현실의 문제 앞에 가로막힐 때, 고민하지 않고 단순히 비전을 따라 행한 적 있나요? 제 경험에 따르면 하나님 나라에 변화를 가져오는 일은 다음과 같은 반응을 거치는 것 같습니다.

"하나님, 정말 그렇게 말씀하신 게 맞으시죠? 어쩌면 제가 잘못 이해한 것은 아닐까요? 정말 그때가 지금인가요?"

존 윔버(John Wimber)는 "믿음(FAITH)의 스펠링은 모험(RISK)이다"라는 유명한 말을 남겼습니다. 사탄은 항상 우리가 가진 하나님의 말씀을 침묵시키려고 합니다. 믿음으로 말할 때, 기적이 일어나는 것을 잘 알고 있기 때문입니다. 믿음을 가진 우리의 '말'은 행함으로 나타나야 하는데 야고보는 이에 대하여 다음과 같이 말합니다.

어떤 사람은 말하기를 너는 믿음이 있고 나는 행함이 있으니 행함이 없는 네 믿음을 내게 보이라 나는 행함으로 내 믿음을 네게 보이리라 하리라. 약 2:18

하나님은 여호수아에게 그가 발로 밟는 모든 땅을 주겠다고 말씀하셨고 우리에게도 이와 똑같이 말씀하고 계십니다. 지금 우리는 여리고 땅을 발로 밟을 때입니다. 그런데 높고 견고한 성벽으로 둘러싸인 그 땅을 어떻게 밟을 수 있을까요?

우리에게 하나님의 말씀이 심겨지면, 그 말씀은 우리를 결코 떠나지 않습니다. 직장상사는 우리에게 할 일을 지시하고 그 결과만 기다리지만, 우리 하나님은 그렇지 않으십니다. 우리의 아버지이신 그분은 주신 말씀으로 우리를 훈련하시고 단련시키십니다. 우리가 상속받은 권위 안으로 들어가도록 격려하십니다.

하나님은 믿음의 전투 앞에 선 여호수아가 여리고 성벽만 바라보고 서 있도록 내버려두지 않으셨습니다. 그를 떠나지도 않으셨습니다. 그곳에서 그를 만나주셨습니다.

여호수아가 여리고에 가까이 이르렀을 때에 눈을 들어 본즉 한 사람이 칼을 빼어 손에 들고 마주 서 있는지라 여호수아가 나아가서 그에게 묻되 너는 우리를 위하느냐 우리의 적들을 위하느냐 하니 그가 이르되 아니라 나는 여호와의 군대 대장으로 지금 왔느니라 하는지라 여호수아가 얼굴을 땅에 대고 엎드려 절하고 그에게 이르되 내 주여 종에게 무슨 말씀을 하려 하시나이까 여호와의 군대 대장이 여호수아에게 이르되 네 발에서 신을 벗으라 네가 선 곳은 거룩하니라 하니 여호수아가 그대로 행하니라. 수 5:13-15

주님은 군대의 대장되십니다! 그분의 이름은 바로 '예수'입니다! 난공불락의 성벽 앞에 선 여호수아는 만국의 주이신 주님을 예배했습니다. 우리는 거룩한 땅에 선 여호수아에게 있었던 모든 일을 세세히 알 수 없지만, 분명한 것은 여호수아가 그 자리를 떠날 때, 자신이 무엇을 해야 할지 알고 있었다는 사실입니다. 그가 살아계신 하나님의 말씀을 들었기 때문입니다. 그리고 그 말씀은 우리의 구원자 예수를 통하여 되살아났습니다.

말씀에 순종하는 삶을 살기 위해서는 하나님과의 깊은 교제 안으로, 친밀해지는 거룩한 시간 안으로 들어가야 합니다. 주님의 임재 없이는 그분의 말씀도 없습니다. 우리는 나의 힘으로 하나님의 명령을 지키겠다는 의지적 노력을 내려놓아야 합니다. 모세와 여호수아처럼 자신의 신을 벗어야 합니다. 그렇지 않으면 주께서 우리를 통해 이루실 일을 감당할 수 없습니다.

하나님께서 여호수아에게 말씀으로 입맞추시며 그분의 숨결을 불어넣어 주시자, 여호수아는 세상의 관점에서 어리석고 바보 같은 방법으로 전진해나갈 힘을 얻었습니다. 그는 여리고의 백성들이 무기를 모아 대치하고 있는 상황에서 철저히 무방비상태가 되라고 지시했습니다. 그리고 성벽 주위를 그저 돌기만 했습니다.

이스라엘 백성이 성벽 주위를 돌 때, 여리고 백성들은 성벽위에서 공격을 퍼부을 수 있었습니다. 분명 그들은 많은 방어책을 세우고 있었을 것입니다. 무거운 돌을 준비하고 궁수들을 좋은 자리에 배치했을 것입니다. 그러나 이스라엘은 담대히 주님의 '소리'가 되어 주께서 여리고를 주셨음을 '행동'으로 선포했습니다. 하나님의 말씀을 의지하여 행군했습니다.

더욱이 이스라엘 백성은 6일간 침묵하며 행군했습니다. 돌하나도 날아오지 않는 하루하루가 더해질수록 그들의 믿음은 더욱 강해졌을 것입니다. 그때 만약 그들이 침묵하지 않았다면 기적을 체험하기도 전에 자신들의 소리에 휩싸여 승리를 의심했을 것입니다. 우리도 마찬가지입니다. 두려움과 의심을 말로 표현하는 것보다 차라리 침묵하는 것이 훨씬 더 현명합니다.

유대인이라면 반드시 안식해야 하는 일곱째 날 안식일에 하나님은 여리고 성을 일곱 바퀴 행군하라고 명령하십니다. 이는 여호수아에게 일어났던 일과 상응하는 민족적 일이었습니다. 비유적으로 표현하면, 이스라엘 온 백성은 여호수아처럼 거룩한 땅에 신발을 벗고 서 있었습니다. 이제 그들은 자신의 힘으로 할 수 있다는 믿음으로부터 떠나 안식하시는 주께로 들어가야 했습니다. 오직 주님만을 의지하여서 말입니다.

여호수아는 성 주위를 일곱 바퀴 행군한 후에 백성에게 나팔을 불며 외치라고 명령합니다.

외치라 여호와께서 너희에게 이 성을 주셨느니라. 수 6:16

얼마나 영광스러운 순간인지요! 하나님의 백성의 외침이 하나님의 소리가 되었습니다. 한 민족의 마음이 하나님의 마음과 맞닿아 그 안에서 정렬되는 순간입니다. 주님의 증언이 이 백성들에게 간증이 되었습니다.

예수의 증언은 예언의 영이라. 계 19:10

하나님은 약속하신 대로 여리고를 그들에게 주셨습니다! 그 높고 견고한 성벽이 완전히 무너져 내렸습니다.

많은 물소리

우리는 하나님의 말씀을 내가 사는 땅에서 '말'하도록 창조되었습니다. 그리고 우리의 믿음과 순종을 통해 하나님의 왕국이 이 땅에 임하는 것을 목도하도록 창조되었습니다. 우리는 그리스도의 몸입니다. 그러기에 아직 주님의 음성을 듣지 못한 자들에게 우리는 그분의 음성이 됩니다.

요한은 주님의 음성을 "많은 물소리"(계 1:15)로 표현했습니다. 맞습니다, 그분의 음성이 들리는 곳에는 생명의 강물이 흐릅니다. 요한계시록 19장 6절에 등장하는 신부의 모습은 더욱 놀랍니다. 원수를 이긴 신부를 향하여 '많은 물소리와 같다'고 표현하고 있기 때문입니다.

> 또 내가 들으니 허다한 무리의 음성과도 같고 많은 물소리와도 같고 큰 우렛소리와도 같은 소리로 이르되 할렐루야 주 우리 하나님 곧 전능하신 이가 통치하시도다. 계 19:6

우리가 하늘의 기름부음 받은 신부로 나아갈 때, 우리의 목소리는 주님의 음성과 같이 변화됩니다. 영과 생명인 주의 말씀이 우리의 목소리가 됩니다. 생명수가 우리 마음에서부터 샘솟아 입으로 흘러넘치게 됩니다. 또한 우리의 믿음, 기도, 그리고 입술의 찬양으로 사막에 꽃을 피우게 됩니다.

요한계시록 1장 15절에 나오는 '많은 물소리'를 NIV 성경에서는 'sound of rushing waters'로 번역하고, 이는 '세차게 흐르는 물소리'로 직역할 수 있습니다. 이후에 19장 6절에서는 'roar of rushing waters'로 번역하는데, 이는 '세차게 흐르는 물들의 포효'라고 직역할 수 있습니다. 그런데 두 구절 모두 헬라어 성경에서는 '포나'(fona)라는 한 단어로 되어 있습니다. 포나는 '소리', '빛'이라는 의미로 사도행전에서 오순절 날에 제자들이 각기 다른 방언으로 말하는 장면에서 사용된 단어입니다. 그날에 많은 사람들이 포나를 들었습니다. 각기 다른 방언으로 말하는 제자들의 목소리가 주님의 음성이 되어 '소리'로 전해지고 '빛'으로 비쳐져 수천 명이 그 자리에서 구원받는 역사가 일어났습니다.

예수님은 "마음에 가득한 것을 입으로 말"(마 12:34)한다고 하셨습니다. 또한 제자들에게 성령이 임하면 그 배에서 생수의 강이 흘러나올 것이라고 말씀하셨습니다.

나를 믿는 자는 성경에 이름과 같이 그 배에서 생수의 강이 흘러나오리라 하시니 이는 그를 믿는 자들이 받을 성령을 가리켜 말씀하신 것이라. 요 7:38-39

오순절 날 출구를 찾아 흘러넘쳤던 생수의 강물은 지금도 계속해서 하나님의 신실한 자녀들을 통하여 흘러넘치고 있습니다.

생명에 이르는 것이든 죽음에 이르는 것이든 우리는 내가 믿는 대로 말합니다. 처음에 이스라엘 백성은 가나안 땅을 바로 앞에 두고 '패배'를 말함으로써 그 땅에 들어가지 못하고 오랫동안 많은 것을 배워야 했습니다. 오늘날 우리 역시 입으로 패배를 말할 수도, 믿음으로 승리를 말할 수도 있습니다.

진리를 외칠 때, 당신은 그 말의 '권능'을 주목한 적 있나요? 같은 진리라도 내 안에서만 간직하고 있는 진리와 내 호흡과 함께 공개적으로 외쳐진 진리는 그 영향력이 전혀 다릅니다. '숨', 즉 호흡에는 아주 중요한 무언가가 있기 때문입니다. 우리는 말씀과 숨(생기), 그리고 흙으로 창조되었습니다. 하나님은 우리를 그분의 형상(창 1:26)을 담아 흙으로 지으시고 그분의 숨, 즉 생기를 우리 코에 불어 넣어주셨습니다. 우리 외에 다른 어떤 피조물도 그분의 생기를 받지 않았습니다. 오로지 말씀만으로 존재가 부여되었습니다.

> 여호와 하나님이 땅의 흙으로 사람을 지으시고 생기를 그 코에 불어넣으시니 사람이 생령이 되니라. 창 2:7

우리는 말씀(word), 땅(earth), 숨(breath, spirit:영)으로 창조된 존재입니다. 그러하기에 말씀과 영으로 살면 땅의 모든 권세를 얻습니다. 말씀만으로 부족합니다. 반드시 말씀이신 주님께서 숨으로 생명을 불어넣어 주셔야 합니다. 또한 받은 말씀을 내면에 간직하는 것으로 충분하지 않습니다. 가장 좋은 때에 공개적으로 소리 내어 외쳐야 합니다. 그리고 그 말은 반드시 행동으로 이어져야 합니다.

사도 바울은 이를 잘 이해하고 있었습니다. 고린도후서 4장에서 그는 '그리스도의 영광스러운 복음'에 대하여 말합니다. 그것은 바울의 간증입니다. 다른 서신서에서도 그는 "이것은 '나의 복음'에 대한 것이다"라고 말합니다. 하나님의 말씀에 사로잡힌 그는 말씀을 선포하지 않고는 견딜 수 없었던 것입니다.

> 내가 복음을 전할지라도 자랑할 것이 없음은 내가 부득불 할
> 일임이라 만일 복음을 전하지 아니하면 내게 화가 있을 것이
> 로다. 고전 9:16

바울은 우리가 질그릇과 같을지라도 우리 안에 복음이 담기면 얼마나 귀한 보물이 되는지 알고 있었습니다. 그러한 점에 비추어 볼 때, 우리 앞에 놓인 고난이 아무리 커도 실상은 매우 '가볍고 순간적'인 것임을 알 수 있습니다. 바울은 모든 역경 안에 더 위대한 목적이 있음을 알았습니다. 그는 복음을 전함으로 엄청난 핍박을 받았지만, 그 무엇도 하나님의 말씀을 결박하지 못했습니다. 심지어 죽음까지도 말입니다! 그래서 바울은 침묵하지 않았습니다.

기록된바 내가 믿었으므로 말하였다 한 것 같이 우리가 같은
믿음의 마음을 가졌으니 우리도 믿었으므로 또한 말하노라.
고후 4:13

이제 당신도 둘 사이에서 선택해야 합니다. 입을 열어 말하겠
습니까, 아니면 여전히 침묵하겠습니까? 침묵을 극복하는 유일
한 방법은 죽음 앞에서도 '내 삶을 사랑하지 않는 것'입니다. 그
러나 안타깝게도 오늘날 많은 사람들이 자신의 믿음이 부끄럽게
되지 않으면서 동시에 자신의 현실을 뒷받침해주는 메시지를 듣
고 싶어 하고 그 메시지를 기다립니다.

말의 권세

요한계시록 마지막 장은 성령님과 신부의 완벽한 하모니를
보여 줍니다. 신부는 성령님과 함께 주님을 향하여 간절히 "오시
옵소서"(come)라고 말합니다. 그것은 명령어입니다! 그리고 예수
님은 이렇게 말씀하십니다.

내가 진실로 속히 오리라. 계 22:20

주님은 그분께 쓸모 있고 무조건 말 잘 듣는 자를 찾지 않으
십니다. 그분과 함께 영원토록 다스리고 통치할 자를 찾으십니

다. 처음에 우리는 모든 것을 다스리는 통치권을 가지고 있었습니다. 하나님은 첫 사람 아담에게 모든 동물의 이름을 지으라고 명하셨습니다. 그 이유는 다스릴 권세가 아담에게 있었기 때문입니다. 아담은 말했고 그것은 곧 이름이 되었습니다. 그러나 그 권세는 죄로 인해 타락하고 말았습니다.

성령님은 이제 다시 우리가 권세를 가지고 세상을 다스리도록 가르쳐 주십니다. 생명으로 인도하는 그 다스림은 특별히 '말의 권세'에 있습니다. 우리는 우리가 알고 있는 진리를 말하거나 크게 선포하거나 노래할 수 있습니다. 때론 우리가 처한 상황과 우리가 외치는 진리가 상반되어 사람들에게 이상하게 보일 수 있지만, 그럼에도 우리는 소리를 내야 합니다. 성령님이 일하시도록 우리 자신을 내어드릴 때, 우리의 말은 곧 우리의 간증이 될 것입니다.

우리는 '하늘'에서 일어나고 있는 일들을 듣고 '땅'에 전하는 자들입니다. 그 자체로도 매우 멋지고 놀라운 일이지만, 저는 그 이상의 무언가가 더 있다고 생각합니다. 그것은 바로 주님과 하나 될 때 우리에게 주시는 권세, 즉 우리를 신뢰하시기에 우리가 무언가를 할 때에 우리 자신만의 개성을 더할 수 있도록 허락하신 권세입니다. 주님은 우리에게 그분 안에서 각자가 가진 독특한 개성을 사용하라고 독려하십니다. 예를 들어, 스미스 위글스워스(Smith Wigglesworth)는 암 환자의 환부를 쳐서 치유했고, 어떤 사역자는 매우 조심스럽고 점잖게 환부에 손을 얹어서 치유했습니다.

여호수아는 한 전투에서 주께서 그 땅을 차지하라고 주신 권세를 가지고 태양을 향해 명령했습니다. 성경 어디를 보아도 하나님께서 그렇게 하라고 말씀하신 구절은 없지만, 태양은 여호수아의 명령에 멈추었습니다(수 10:12-14). 그의 말이 우주를 멈춰 세운 것입니다! 하나님의 부르심에 순종으로 나아간 여호수아의 '말'이 곧 주님의 '말씀'이 된 것입니다. 베드로 역시 물 위를 걸었습니다. 예수님께서 그에게 "오라"고 말씀하셨을 때, 아주 짧은 시간이었지만 그는 정말로 물 위를 걸었습니다(마 14:29).

우리는 주님의 권위 아래 있기 전까지 권위를 가질 수 없습니다. 만약 그분의 권위 아래 온전히 거할 수 있다면, 주님은 우리가 다양한 선택을 할 수 있도록 허락해주실 것입니다.

> 너희가 내 안에 거하고 내 말이 너희 안에 거하면 무엇이든지 원하는 대로 구하라 그리하면 이루리라. 요 15:7

여기서 핵심은 '사랑'입니다. 예수님은 사랑 안에 뿌리를 두지 않은 말에 도장을 찍어 승낙해주지 않으십니다. 만약 우리가 사랑하는 용사이신 주님과 함께 걷는다면, 우리의 말과 주님의 말씀이 나란히 일직선상에 놓여 우리 역시 사랑하는 용사임을 깨닫게 될 것입니다. 우리가 주님께 동의하면 주님도 우리에게 동의하실 것입니다!

사역자로서 처음 사역을 시작했을 때, 저는 매우 흥분되었습니다. 그리고 더욱 굳센 믿음으로 살아가야 한다는 것을 느꼈습니다.

당시에 저는 최종적으로는 실패했지만 매달 나오는 학생 보조금의 일부를 저축하고 있었습니다. 그런데 그 사실을 알게 된 누군가가 저에게 믿음으로 살겠다고 하면서 저축을 하는 것은 모순이라고 말했습니다.

또한 저는 남은 대학생활의 마지막 몇 주 동안 제 자신에게 크림 케이크를 대접해주었습니다. 이제 곧 사역자로서 '믿음으로' 살아가려면 좋아하는 케이크를 더 이상 먹지 못할 것 같았기 때문입니다. 그런데 제가 속해 있던 월드호라이즌스(World Horizons) 선교단체는 그 지역에서 소문난 빵집 주인으로부터 그날 팔지 못한 빵들을 받았고, 여전히 저는 크림 케이크를 맛있게 먹을 수 있었습니다.

저는 제 연약한 믿음 때문에 하늘 아버지가 몹시 화가 나셨을 것이라고 생각하지 않습니다. 오히려 그런 저를 바라보시면서 껄껄 웃으셨을 것 같습니다. 이렇게 제 연약함을 나눈 이유는, 제 안에 하나님의 이미지가 얼마나 잘못되어 있었는지, 그럼에도 그분이 얼마나 저를 사랑으로 돌봐주셨는지에 대해 전하고 싶기 때문입니다. 비록 우리 목소리가 약하고 떨릴지라도 주님의 음성은 늘 변함없이 가장 강력합니다.

그렇게 믿음의 여정을 시작하고 몇 달이 지나지 않아 저희 단체의 통장잔고는 바닥이 났고, 음식을 구할 방법이 전혀 없었습니다. 그때 저를 포함한 청년 다섯은 기도했고, 명령했고, 공급하심을 약속하는 성경구절을 붙잡고 계속해서 선포했습니다. 저희는 기도하면서 우체통에 모든 관심이 집중되어 있었는데, 우편으로 돈을 받을 것이라 믿고 있었기 때문입니다. 그러나 들떠서 편지를 열어볼 때마다 돈은 없었습니다. 그렇게 매우 실망스러운 날들이 지나갔습니다. 믿음을 세워가자던 의지는 더 이상 작동되지 않는 듯했습니다. 아버지께 종의 길을 가겠다고 말씀드렸을 때, 분명 두어 달도 안 되어 도와달라고 하면서 돌아올 것이라고 말씀하셨는데 그것이 현실이 될 것만 같았습니다.

　　그러던 어느 날 밤, 문을 두드리는 소리가 들렸습니다. 문을 열어 보니 한 부부가 큰 상자를 들고 서 있었습니다. 처음 보는 사람들이었습니다. 그들은 미소를 지으며 자신들은 얼마 전에 지역 교회로 부임했고 같은 지역에서 사역하는 그리스도인 공동체에 대하여 듣고 축복하고 싶어 찾아왔다고 했습니다. 그들은 안으로 들어와 식탁 위에 들고 있던 큰 상자를 내려놓고 돌아갔습니다. 상자를 열어 보니 음식이 가득 있었습니다. 당장의 필요를 채워주는 물건들뿐 아니라 값비싼 물건들도 들어 있었습니다. 저희는 서로를 바라보면서 주님의 선하심에 웃기도 하고 울기도 했습니다. 그렇습니다, 바로 이것이 주님의 방법입니다.

　　그때 주님은 모든 필요를 주께 맡기고 믿음으로 나아가는 방법을 제게 가르치고 계셨습니다. 그리고 제가 주를 위하여 취하였던 땅은 바로 제 자신의 '혼'(soul)이었습니다. 늘 그렇듯 그곳이 바로 우리의 믿음의 여정이 시작되는 곳입니다. 어쩌면 저와 다르게 당신은 매일 먹는 음식 하나도 주께 구하며 '믿음으로 살아내는 삶'을 살고 있을지 모르겠습니다. 우리 모든 믿는 자들은 믿음의 삶을 살도록 늘 도전받습니다. 우리에게는 단지 구원받은 확신으로만 살아가는 믿음뿐 아니라 매일의 삶을 믿음으로 살아내는 것이 필요합니다. 우리는 허락된 매일의 삶에서 '땅을 취하는 방법'을 배워야 합니다.

"나는 용서받은 주의 자녀야!"

바로 이 외침이 나의 간증이 되면, 더 이상 정죄감에 빠지지 않고 쓴 뿌리의 늪에 빠지지 않게 됩니다. 내가 누구인지를 선포하는 것, 즉 내가 하나님 아버지의 사랑을 받는 자녀임을 선포하는 것은 사람들의 판단으로부터 나를 자유롭게 해줍니다. 신랑 되시는 주님 안에서 사랑을 누리면 모든 두려움이 사라집니다.

우리는 내가 취한 땅을 지키고 유지하는 방법을 배우는 동안 기회가 될 때마다 우리를 둘러싼 모든 것을 '향하여', 그리고 그 '위에' 진리를 선포해야 합니다. 그리스도의 몸을 이루는 모든 지체가 이와 같이 한다면 이 세상은 혁명적으로 변할 것입니다!

제게는 마치 그림을 그려 보여 주듯이 믿음의 삶에 대하여 이야기해주는 멘토가 있습니다. 그와 함께하는 어느 아침식사 시간에 그는 식탁 위에 있는 물건들을 작은 것부터 큰 것까지 한 줄로 세우기 시작했습니다. 그래서 맨 마지막에 세워진 시리얼 상자까지 모두 한눈에 볼 수 있었습니다. 그는 그 일을 다 마치고 입을 열어 말하기 시작했습니다.

"주님은 우리를 차근차근 단계별로 인도하십니다. 그래서 매번 불가능해 보이는 도전들을 우리 앞에 두십니다. 우리는 첫 번째 장애물을 주님과 함께 잘 뛰어넘으면 그분을 신뢰하는 방법을 배우게 됩니다. 그런데 이후로도 장애물은 점점 더 커지고 높아집니다. 이는 하나님이 심술궂은 분이여서가 아닙니다. 우리에게 그분이 얼마나 크신지를 가르쳐 주시기 위함입니다.
주님은 우리가 예비해두신 유업을 취할 수 있도록, 그리고 주님의 권세를 우리의 것으로 취할 수 있도록 믿음의 영역을 점점 넓혀 가십니다. 맨 마지막에 세워진 시리얼 상자를 넘게 되는 순간이 바로 우리가 공중에서 주를 뵙는 때입니다. 그때까지 우리 앞에는 언제나 더 큰 도전들이 놓여 있을 것입니다."

지금부터 저는 그 '시리얼 상자'까지 나아가고 있는 한 이야기를 나누려고 합니다. 이 책의 4장에서 나누었던 '열방부흥축제'에 대한 이야기입니다.
제가 그 비전을 받고 공개적인 자리에서 간증했을 때, 저와 같은 비전을 품고 있는 사람들이 하나둘 모이기 시작했습니다. 저희는 남부 웨일즈의 아주 작은 마을인 클라네클리(Llanelli)로 열방의 예배자들을 어떻게 모을지 전혀 알 수 없었지만 계속해서 기도하고, 선포하고, 예배했습니다. 저희는 믿었습니다. 그러했기에 '말'로 선포했습니다!

저희는 '믿는 사람'이든 '믿지 않는 사람'이든 누구에게나 문을 열라는 주님의 음성을 들었습니다. 그리고 그 말씀을 일반 콘퍼런스들과 달리 참가비를 책정하지 말라는 의미로 받아들였고, 원하는 누구나 언제든지 들어오고 나가려면 큰 천막이 필요하겠다고 생각했습니다.

> 너희 타작마당과 포도주 틀의 소출을 거두어들인 후에 이레 동안 초막절을 지킬 것이요 절기를 지킬 때에는 너와 네 자녀와 노비와 네 성중에 거주하는 레위인과 객과 고아와 과부가 함께 즐거워하되. 신 16:13-14

하나님께서는 저희가 천막을 생각한 것이 장막절, 곧 이스라엘 백성이 7일 동안 초막을 짓고 그 안에서 즐거워하도록 명령받은 절기와 같은 것임을 알려 주셨습니다. 즉, 저희는 열방에서 추수한 곡식을 모으는 마지막 축제를 주께 '미리' 올려드려야 했습니다. 그리스도께서 '이미' 이기신 승리의 축제를 올려드려야 했습니다.

> 또 내게 이르시되 인자야 너는 생기를 향하여 대언하라 생기에게 대언하여 이르기를 주 여호와께서 이같이 말씀하시기를 생기야 사방에서부터 와서 이 죽음을 당한 자에게 불어서 살아나게 하라 하셨다 하라. 겔 37:9

특별히 이 사역은 한국과 깊은 유대관계를 형성하면서 시작되었습니다. 저는 한국을 방문하여 에스겔처럼 '동쪽의 바람'이 불어와 웨일즈와 유럽의 '마른 뼈'들에 숨을 불어 넣으라고 대언해야 한다는 것을 느꼈습니다. 그러고 나서 이 사역의 리더십이 된 매우 겸손하고 기름 부음 받은 한 예배사역자를 만났습니다. 하나님은 그를 통하여 큰 사랑을 베풀어 주셨고, 저는 그 사랑을 힘입어 여러 곳에서 담대히 메시지를 전할 수 있었습니다. 제 소리가 하나님의 음성이 되어 선포되는 것을 강하게 느낄 수 있었습니다.

제가 열방부흥축제의 대략의 예산을 계산해보았을 때, 8천 파운드(당시 환율로 약 1천 6백만 원) 정도 산출되었습니다. 그러나 재무 재정은 제 강점이 아니었습니다. 실무자가 계산한 최종 경비는 9만 파운드(약 1억 9천만 원)였습니다! 실제로 저희는 넓디넓은 두 벌판에 일주일 동안 임시로 마을을 조성해야 했습니다. 저희는 1,500명까지 수용 가능한 두 개의 대형천막을 치고, 그 중 하나는 숙소로 사용하기로 계획했습니다. 그리고 하루 숙박비는 5파운드만 받기로 결정했습니다.

저희는 지불해야 할 비용을 해결하기 위해 치열하게 고민했습니다. 솔직히 단 일주일의 예배를 위해 그렇게 큰돈을 지불하는 것이 과연 옳은 일인가 하는 의문도 들었습니다. 만약 그 돈을 가난한 나라에서 사역하는 동료들에게 보낸다면 무엇을 할 수 있을지도 계산해보아야 했습니다.

뿐만 아니라 처음부터 강사를 세우지 않기로 결정했는데 강사가 없으면 누가 오겠냐고 말하는 이들도 생겨나기 시작했습니다. 그들은 설사 사람들이 모이더라도 처음 하루 이틀은 노래하다가 이내 목이 쉬어 힘들어 할 것이고, 그런 이유로 콘퍼런스는 3, 4일을 넘지 않게 잡는 것이라고 충고했습니다.

하나님께 감사한 것은 제게 강한 믿음을 가진 리더들과 팀을 주셨다는 것입니다. 그렇지 않았다면 저는 매번 만나는 장애물을 뛰어넘지 못하고 포기했을 것입니다. 여러 상황 가운데 저희는 오로지 기도했고 집중해서 예배했으며 주님은 이런 저희를 끊임없이 격려해주셨습니다.

시간이 갈수록 수천 파운드의 비용을 지불해야 하는 대형천막부터 조명, 음향 장비, 보안, 영국에서 집회를 여는데 필요한 법적 요구사항, 보건, 안전, 여러 장비 대여, 숙소 준비, 식사 등 준비해야 할 목록이 늘어만 갔습니다. 하지만 늘어나는 목록만큼이나 저희 팀은 성장했고 같은 마음으로 함께하는 자원봉사자들도 늘어났습니다.

저희는 아침마다 축제가 열리게 될 넓은 벌판에 모여 하나님의 뜻을 선포했습니다. 땅의 사면으로부터 예배자들이 모일 것을 기대하면서 그들을 향해 외쳤습니다. 그리고 열방부흥축제를 향해 "이곳에 존재할지어다"라고 명령했고, 주님은 "나와 함께 창조하자"라고 응답해주셨습니다. 그때 저희는 주님과 함께 무언가가 존재할 수 있도록 명령할 수 있는 주의 자녀임을 깨달았습니다. 저희 모두는 그렇게 주님 안에서 훈련을 받았습니다.

동이 트는 이른 아침, 저희는 여느 때와 같이 벌판에 모여 있었습니다. 사방은 아침이슬로 가득 맺혀 있었고, 떠오르는 태양이 그 이슬방울을 비추자 주위가 온통 반짝반짝 빛났습니다. 그리고 그 순간 주님께서 저희 마음을 그분의 약속으로 채워주셨습니다.

주님의 군대들이 자원할 것입니다
주님의 전쟁의 날에
거룩한 위엄으로 옷 입고
주님의 젊은이들이 주님께 나올 것입니다
아침의 태에서 나온 이슬처럼. 시 110:3, NIV 직역

특별히 저희는 청년들이 주님을 만나 삶의 목적을 찾기를 계속 기도해왔었는데, 그날 그곳에 주님의 응답이 임했습니다.

"그들이 올 것이다!"

그리고 정말 그들이 왔습니다! 구원받은 청년들뿐 아니라 구원받지 못한 청년들까지 말입니다! 수백 명의 청년들이 모였고 그곳에서 예수님을 만났습니다.

그런데 저희 앞에 놓인 9만 파운드는 어떻게 해결해야 할까요? 물론 저희는 기도했습니다. 저희의 간증을 들은 사람들로부터 놀라운 방법으로 헌금을 받았고, 지역의회로부터 두어 종류의 보조금도 받았습니다. 대형천막과 장비 등을 파격적인 할인가로 예약하기도 했습니다. 그렇게 '대부분'의 재정이 제시간에 채워져 갔습니다. 다만, 여기서 '대부분'이라고 표현한 이유는

부족한 재정으로 인해 밤마다 이를 악무는 일이 제게 시작되었다는 것을 의미합니다. 얼마나 이를 세게 물었는지 아침에 일어나면 그 긴장감이 고스란히 얼굴에 남아 있었습니다. 저는 이 모든 일은 주님의 일이라고 선포하고 모든 일을 주께 맡겨 드린다고 기도했지만, 몇 분 지나지 않아 다시금 재정의 압박감에 시달려야 했습니다. 급기야 저는 재정을 위해 당장 집을 내놓아야겠다고 결심했습니다. 비록 주택담보대출이 남아 있어 재정을 다 충당할 수는 없을지라도 그것이 제가 할 수 있는 최선이라고 생각했습니다. 그렇게 매 순간 끝나지 않은 전투 한가운데 서 있었지만, 압박감 이상의 기쁨도 있었습니다. 바로 청년들이 올 것이라는 주님의 약속을 믿었기 때문입니다.

드디어 열방부흥축제가 시작되었고, 저희에게는 여전히 4만 파운드 정도 지불해야 할 비용이 더 남아 있었습니다. 뿐만 아니라 열방부흥축제가 열리는 바로 앞 주에 내린 많은 비로 숙소동 천막 바닥이 물에 잠겨 내려앉는 문제도 있었습니다. 감사하게도 그 일은 지역 교회가 예배당 바닥에서 잘 수 있도록 개방해주어 해결될 수 있었습니다. 그때 용감하게도 천막 안에서 지내겠다고 한 참가자들이 있어 저희는 급히 내려앉은 바닥에 나무판을 더 얹었습니다. 그러나 겨울에도 방바닥까지 난방이 되는 편안한 건물에서 생활하며 축제가 열리기 직전까지 더운 여름을 보내다 온 한국 참가자들에게 그곳에서 자는 것은 큰 희생이었습니다. 아직까지도 그날처럼 추운 적은 없었노라고 말하는 이들이 있습니다. 그러나 그 장막 안에는 기쁨이 넘쳤습니다.

저희는 헌금시간을 따로 갖기로 계획했는데, 그 시간이 오기도 전에 지구 반대편에서 온 수많은 참가자들로부터 후원금을 받기 시작했습니다. 막 결혼하고 참석한 신혼부부는 신혼 자금 모두를 헌금했습니다! 그들은 지금 리더십으로 세워져 저희와 함께 하고 있습니다. 그렇게 모두가 기쁨으로 자원하여 주께 드렸습니다.

열방부흥축제가 5일째 되던 날, 마침내 모든 경비가 다 채워졌습니다! 저희는 이제 헌금을 그만해달라고 광고했지만 주님은 계속해서 자원하여 섬기도록 이끄셨습니다. 그리고 예배 가운데 임재하셔서 치유하셨고, 구원하셨고, 헌신하게 하셨습니다.

최종적으로 모아진 재정은 모든 것을 지불하고도 남아 다른 사역을 위해서도 재정을 흘려보낼 수 있었습니다. 그 재정만 만 파운드 이상 되었습니다. 단 일주일 동안 예배하기 위해 9만 파운드를 지불할 가치가 있었을까요? 주님은 향유를 부은 마리아의 이야기를 통하여 우리에게 대답하여 주십니다.

> 제자들이 보고 분개하여 이르되 무슨 의도로 이것을 허비하느냐 이것을 비싼 값에 팔아 가난한 자들에게 줄 수 있었겠도다 하거늘 예수께서 아시고 그들에게 이르시되 너희가 어찌하여 이 여자를 괴롭게 하느냐 그가 내게 좋은 일을 하였느니라. 마 26:8-10

예수님은 저희의 예배를 받으셨습니다. 모든 송축을 받으셨

습니다. 그리고 저희가 목소리 높여 예배할 때, 기도의 영을 부어주셨습니다. 저희 모두는 그곳에서 주님의 소리가 되었습니다. 저는 함께한 모든 사람들이 지금까지 충만한 영적 상태를 유지하면서 살아가고 있는지 잘 모르겠습니다. 다만, 12년이 지난 지금까지 예배를 멈추지 않고 담대히 주를 간증하면서 살아가는 이들이 있다는 것은 확실히 증언할 수 있습니다.

Chapter 7

세우심

끝까지 살아있도록 끝까지 세우시다

내 마음 깊은 곳에 새겨져 있습니다
혼란 속에서도 견고히 서 있습니다
당황, 의심, 두려움이 내 감정을 사로잡습니다
그리고 나는 내가 알고 있는 모든 것에 의문을 제기합니다

계시, 지혜, 인도
내가 맞았을까, 아니면 틀렸을까?
혼돈이 나에게 손을 얹습니다
그리고 나의 마음은 노래를 잃어버립니다

오직 나의 감정을 따라가며
인도하심을 따라온 나의 삶을 내팽겨지게 할까?
아니면 나의 마음 깊은 곳을 따라
내가 그분께 속하여야 할까?

내 마음 깊은 곳에 새겨져 있습니다
혼란 속에서도 견고히 서 있습니다
나의 구원자가 심겨 주신 말씀입니다
나는 그 말씀이 거할 곳을 찾았습니다

나는 가장 위대한 보물을 찾았습니다
폭풍이 몰아치고 내 마음은 신음하지만
그분의 생명, 그분의 말씀이 내 안에 있습니다
그분은 나에게 속하였고 나는 그분에게 속하였습니다

그분은 부르셨습니다 예, 그분은 말씀하셨습니다
비록 나의 홍해가 광대할지라도
그분의 손이 나를 인도해주실 것을 믿습니다
의심과 두려움을 뚫고 마침내…

그분이 약속하신 그 땅으로
그분이 알고 있는 그들에게
추수할 때가 되어 무르익은 그 밭으로
그분의 모든 것이 영광을 향하여

그러면 그 어느 날 보물을 갖게 될 것입니다
이것은 천국 본향으로 돌아가
그분의 발치에 누워 환희를 느끼는 것!
그동안 알았던 것들을 온전히 알게 될 것입니다

"모든 일을 행한 후에 서라!"

어둠의 권세와의 영적 전쟁에 대한 바울의 가르침입니다. 7장을 여는 시는 제가 북아프리카로 떠나기 직전, 영적 전투 한 가운데서 요동치는 감정을 표현한 시입니다. 저는 하나님의 부르심을 정확히 알았지만, 저를 공격해오는 의심과 두려움을 막지 못하고 급기야 그 부르심을 포기할 지경까지 되어 너무도 비참한 두어 달을 보냈습니다. 그러나 '모든 일을 행한 후에' 저는 마음 깊은 곳에 새겨진 다음 말씀 위에 굳게 설 수 있었습니다. 하나님의 전신 갑주는 우리로 '서 있을 수 있게' 해줍니다.

> 그러므로 하나님의 전신 갑주를 취하라 이는 악한 날에 너희가 능히 대적하고 모든 일을 행한 후에 서기 위함이라. 엡 6:13

처음에 저는 '서기'라는 말씀을 수동적인 의미로 받아들였습니다. 즉, 하나님이 모든 일을 하시고 우리는 가만히 서 있기만 하면 된다고 여겼습니다. 그러나 그것이 얼마나 적극적인 의미를 가지는지를 점차 깨닫기 시작했습니다.

하나님이 우리에게 "서 있으라!"고 말씀하시며 우리를 부르실 때 그것은 종종 목적이 있는 행동을 의미합니다. 제가 북아프리카를 향한 부르심 위에 서 있었던 것은 행동, 즉 그곳으로 가야 한다는 것을 의미했습니다. 우리가 무언가를 위하여 서는 이유는 그것이 옳다고 믿기 때문입니다. 우리의 하늘 아버지는 우리에게 그분을 향하여 서고, 그분의 나라를 위하여 서고, 그분의 아들을 위하여 서 있으라고 부탁하십니다. 그분의 용사인 우리는 이렇게 선포할 권리가 있습니다.

"나는 하나님의 왕국을 위하여 이 땅을 취할 것입니다! 원수들은 그 땅을 빼앗아가지 못합니다!"

우리가 취해야 할 땅은 미전도 종족일 수도, 다니는 학교나 직장일 수도, 윤리적인 무언가 일수도 있습니다. 여기서 핵심은 주님이 우리에게 무언가를 말씀하시면 우리는 그 앞에 반드시 서야 한다는 것입니다.

지금부터 우리는 우리로 끝까지 서 있게 하는 '전신 갑주'에 대하여 살펴보겠습니다.

진리

그런즉 서서 진리로 너희 허리 띠를 띠고. 엡 6:14

진리는 허리 띠와 같습니다.

우리는 주를 향한 '나의 열심'에 얼마나 쉽게 매이는지 모릅니다. 때론 주가 명하신 것이라 확신하고 담대히 선포했는데 결과적으로는 나의 열심에 사로잡혀 한 것임을 깨닫기도 합니다. 흥분하며 열정적으로 선포했는데 결과적으로는 아무 실체 없는 말뿐이었음이 드러나기도 합니다. 나의 말, 나의 마음, 나의 소망, 그리고 나의 교만이 우리를 그렇게 만듭니다.

또한 우리는 낙심과 혼돈에 얼마나 쉽게 빠지는지 모릅니다. 하나님의 말씀을 듣고 스스로 시험하여 점검하지 않으면, 언제든 깊은 낙심과 혼돈에 노출될 수 있습니다. 신뢰하고 따르는 이들과 함께 나누지 않을 때도 그러합니다. 주께 감사한 것은 제 주위에는 저를 정죄하거나 제 열정을 막는 이가 없다는 것입니다. 도리어 제가 실수해도 사랑으로 조언해줍니다. 저 또한 누군가에게 그런 사람이 되기 위해 노력하고 있습니다. 이와 같이 우리는 진리라는 허리띠를 맬 때 누군가의 도움이 절실히 필요합니다. 물론 하나님이 말씀하시는 순간 잠잠할 수 없는 무언가가 생긴다면 그때는 반대가 있더라도 외쳐야 합니다. 그것이 진리라면 나뿐 아니라 다른 사람들의 삶을 변화시키게 될 것입니다.

예수님은 씨앗의 비유를 통해 주의 말씀에 관하여 이야기하시고, 씨 뿌리는 자의 비유를 통해 우리가 어떻게 하나님의 말씀을 받아야 하는지에 관하여 이야기하십니다. 말씀의 씨앗은 반드시 그 말씀을 받은 사람 안에서 보물처럼 간직되어 자라나야 합니다.

우리는 씨앗이 자라기 시작할 때에야 비로소 그것이 무엇인지 알 수 있습니다. 즉, 그 진리를 깨닫고 그 위에 서서 취하게 됩니다. 그런데 씨앗에서부터 진리를 취하려고 서두르면 진리를 바로 보지 못하고 잘못 이해할 수 있습니다. 우리 하나님은 결코 조급하게 서두르지 않으십니다.

진리의 허리띠는 아름답습니다. 우리를 향하신 하나님의 온전하신 권고이기 때문입니다. 그 말씀은 '로고스', 즉 의미가 되시는 하나님의 말씀입니다. 또한 진리의 씨앗을 심으시며 불어 넣어주시는 성령의 숨결은 '레마'입니다. 레마는 한계가 없고 다른 어떤 것으로도 대체될 수 없습니다. 주님은 그것을 우리가 매일 먹을 양식, 즉 '떡'이라고 말씀하십니다.

> 사람이 떡으로만 살 것이 아니요 하나님의 입으로부터 나오는 모든 말씀(레마)으로 살 것이라. 마 4:4

의

의의 호심경을 붙이고. 엡 6:14

귀중한 한 조각이 우리 가슴을 덮는 호심경, 즉 가슴을 보호하는 갑옷으로 주어집니다. 만약 '의'(righteousness)를 의심하면 우리는 똑바로 서 있기 어렵습니다. 의심은 적들의 거짓과 정죄의 화살이 날아올 때, 우리 가슴을 무방비 상태로 열어두고 있는 것과 같기 때문입니다. 물론 여기서 우리를 서 있게 하는 의는 '나의 의'가 아닌 '예수 그리스도의 의'입니다.

우리가 굳게 서 있으려면 우리의 얼굴을 계속해서 주께로 돌이켜야 합니다. 회개의 성경적 개념은 단순합니다. 어떠한 물건들로부터, 사람들로부터, 상황들로부터 돌이켜 주님을 향하고 그분만을 바라보는 것입니다. 회개는 '말'만으로 되지 않습니다.

돌이키기 위하여 방향을 돌려 움직여야 합니다. 주님이 항상 함께 하심에도 불구하고 우리는 순간순간 주를 향하여 돌이켜야 하는 죄인입니다.

모세의 인생은 자기 민족 이스라엘을 구하려다가 엉망진창이 되고 말았습니다. 그는 이집트 왕자로서의 지위를 내던지고 광야로 도망가 40년간 장인의 양을 돌보며 살았습니다. 그러던 어느 날 그는 낯선 광경을 목격합니다. 떨기나무가 불타오르는데 타지 않고 서 있는 이상한 광경이었습니다.

> 이에 모세가 이르되 내가 돌이켜 가서 이 큰 광경을 보리라 떨기나무가 어찌하여 타지 아니하는고 하니 그 때에 여호와께서 그가 보려고 돌이켜 오는 것을 보신지라 하나님이 떨기나무 가운데서 그를 불러 이르시되 모세야 모세야 하시매 그가 이르되 내가 여기 있나이다. 출 3:3-4

단연코 그 '불'은 우리 삶에서 멀리 떨어져 있는 것이 아닙니다. 그 불은 하나님의 존전입니다. 하나님께서는 그분의 백성들에게 임재하길 원하십니다. 모세가 주어진 자리에서 돌이켰을 때에 주의 임재로 들어갔듯, 우리 역시 주께로 돌이킬 때에 그분의 음성을 들을 것입니다.

여기서 '돌이킴'이란, 우리를 창조하신 주를 향해 전심으로 '다시 돌아가는 것'을 의미합니다. 그때 우리는 내가 진짜 누구인지를 깨달을 수 있습니다. 확신하건대 당시 모세는 정체성의 혼란을 겪고 있었을 것입니다. 그는 애굽인으로 자랐지만 히브리인이었습니다. 그는 자기 민족을 돕기를 바랐지만 이를 행동으로 옮겼을 때 원하지 않는 결과를 낳았습니다. 그는 왕자였지만 지금은 도망자이자 목자였습니다. 그는 정말 누구였을까요?

모세가 주를 향해 돌이켜 섰을 때, 비로소 그는 자신의 정체성을 깨달았습니다. 주님은 모세를 그분의 계보 안에, 그리고 언약 안에 뿌리 내리게 하십니다.

나는 네 조상의 하나님이니 아브라함의 하나님, 이삭의 하나님, 야곱의 하나님이니라. 출 3:6

여호와께서 아브람에게 이르시되 너는 반드시 알라 네 자손이 이방에서 객이 되어 그들을 섬기겠고 그들은 사백 년 동안 네 자손을 괴롭히리니 그들이 섬기는 나라를 내가 징벌할지며 그 후에 네 자손이 큰 재물을 이끌고 나오리라. 창 15:13-14

모세가 언약의 주님과 그 언약의 후손인 자신의 정체성을 붙잡은 그곳에서 주님과 그의 부르심에 대한 대화가 시작되었습니다.

우리가 주님을 향하여 돌이킬 때, 주님은 우리를 그분의 거룩한 계보 안에, 그분의 영원한 언약 안에 뿌리 내리게 하십니다. 우리를 부르심이 우리의 의 때문이 아닌 의로우신 주의 사랑 때문임을 깨닫게 하십니다. 그래서 우리는 거듭거듭 내가 진짜 속한 곳으로 '되돌아가야' 합니다. 바로 그곳에 의, 즉 의의 호심경이 있습니다.

오직 예수님만이 우리의 진리의 허리띠이시며 또한 우리의 의의 호심경이십니다.

평안의 복음

평안의 복음이 준비한 것으로 신을 신고. 엡 6:15

전신 갑주 중에 이 부분은 실제로 평안의 복음 안에 살면서 갖게 되는 '예비함'에 관하여 이야기합니다. 예비함이란, 복음을 위해서라면 어디든지 갈 준비가 되어 있다는 것을 의미합니다. 그런데 우리 발이 복음의 동기로 움직이면, 어려운 상황에 계속해서 맞닥뜨리고, 복음을 전하려는 마음만으로도 겁이 나 그 신발을 신을 엄두가 나지 않기도 합니다. 하지만 신은 전신 갑주에서 필수적이고 아주 중요한 것입니다.

왜 '서 있기' 위해 신발이 필요할까요? 앞에서 나누었듯 서 있다는 것은 결코 수동적이지 않습니다. 서구사회에서 복음을 위해 서 있는 행동은 많은 희생을 필요로 하지 않습니다. (요즘 상황이 점점 변화되는 징후를 보이고 있습니다) 그러나 아프리카나 중동에 있는 성도들은 복음의 신을 신고 서 있는 것만으로도 엄청난 대가를 지불해야 합니다.

중동에 사는 'D'는 복음을 듣기 원하는 무슬림들에게 자신의 집을 오픈했다가 체포되어 구타와 수많은 위협을 당했습니다. 그와 함께 일했다는 이유만으로 많은 사람들이 체포되었습니다. 그럼에도 그는 평안의 복음이 준비한 것으로 신을 신고 계속해서 서 있었습니다. 전신 갑주를 기록한 바울은 같은 장의 뒷부분에서 자기 자신을 '쇠사슬에 매인 사신'으로 표현합니다.

> 이 일을 위하여 내가 쇠사슬에 매인 사신이 된 것은 나로 이
> 일에 당연히 할 말을 담대히 하게 하려 하심이라. 엡 6:20

우리는 복음의 신을 신고 서 있어야 합니다! 때론 이를 위하여 많은 것을 희생해야 할 수도 있습니다. 평안의 복음이 도리어 분열을 일으키는 것처럼 보일 수도 있습니다. 그러나 평안의 복음이 정말로 분열시키는 것은 어둠과 빛을 나누는 것입니다.

> 이제는 전에 멀리 있던 너희가 그리스도 예수 안에서 그리스
> 도의 피로 가까워졌느니라 그는 우리의 화평이신지라 둘로
> 하나를 만드사 원수 된 것 곧 중간에 막힌 담을 자기 육체로
> 허시고 법조문으로 된 계명의 율법을 폐하셨으니 이는 이 둘
> 로 자기 안에서 한 새 사람을 지어 화평하게 하시고 또 십자가
> 로 이 둘을 한 몸으로 하나님과 화목하게 하려 하심이라 원수
> 된 것을 십자가로 소멸하시고. 엡 2:13-16

예수님은 우리의 화평이 되셔서 하나님과 사람 사이, 그리고 사람과 사람 사이에 있는 담을 허무셨습니다. 여기서 담은 '규례 안에 기록된 계명과 율법'을 지키지 않는 삶을 가리킵니다. 즉, 죄가 하나님과 우리 사이를, 그리고 우리 서로의 사이를 막아선 것입니다.

예수님께서 '중간에 막힌 담'에 맞서 들고 서 계셨던 무기는 바로 그분 자신이었습니다. 죄 없으신 예수님은 우리가 받아야 할 형벌을 대신 지시고 무덤에 계셨습니다! 그러나 부활하셨을 때, 그분께는 어떠한 흠과 점도 남아 있지 않았습니다. 예수님은 우리의 복음, 우리의 평화가 되셔서 하나님과 우리를 하나 되게 하셨고, 그 무엇이 우리를 갈라놓아도 하나 되게 하실 것입니다. 이제 우리는 모든 적개심에 대한 답을 가졌습니다. 그런데 만일 내 안에 여전히 분통하고 용서하지 않는 마음이 있다면 그 신발을 신을 수 없음을 기억해야 합니다.

여기서 우리는 신발도 예수님이심을 발견하게 됩니다.

믿음

모든 것 위에 믿음의 방패를 가지고 이로써 능히 악한 자의 모든 불화살을 소멸하고. 엡 6:16

이 말씀을 읽으면서 '불화살이 날라오는데 당연히 그렇게 할 수 있지'라고 생각했는지 모르겠습니다. 그러나 실제로 그 상황에서 도망가지 않고 방패를 찾아 들고 서 있는 것은 매우 어려운 일입니다. 지옥문이 열리는 듯한 중압감을 느낄 수 있습니다.

월드호라이즌스의 초창기 이사 중 어니스트 화이트하우스(Ernest Whitehouse)와 그의 부인 메리(Mary) 화이트하우스는 1960,70년대에 걸쳐 비속어와 노골적인 성적 표현이 담긴 BBC 프로그램들의 잘못을 알리고 이에 반대하는 캠페인을 벌였습니다. 그로 인해 그들은 엄청난 욕설과 공격을 받았는데, 심지어 누군가는 그들이 다니는 시간을 사전에 파악하여 차가 들어오는 순간 뛰어들어 눕는 자살행위를 하기도 했습니다. 만일 그들 부부가 매 순간 믿음의 방패를 들어 올리지 않았다면 아마 버티지 못했을 것입니다.

믿음은 선물이며 은사입니다.

> 너희는 그 은혜에 의하여 믿음으로 말미암아 구원을 받았으니 이것은 너희에게서 난 것이 아니요 하나님의 선물이라.
> 엡 2:8

하나님의 선물임에도 불구하고 종종 제자들은 믿음이 부족해 예수님께 책망을 들어야 했습니다. 그것은 믿음이라는 선물이 불공평했던 것일까요? 만약 제자들에게 믿음이라는 은사가 오래전부터 주어져 있었는데 그들이 그것을 사용하지 않고 있는 것이라고 가정한다면 어떤가요? 그렇다면 책망을 받는 것이 마땅합니다.

예수님은 겨자씨 한 알만 한 믿음이 있으면 산을 옮긴다고 말씀하십니다. 하지만 지금의 우리 믿음으로는 불가능한 것 같습니다. 그렇다면 예수님이 저와 당신에게만 겨자씨만큼의 가치도 안 되는 보잘것없는 믿음을 주신 것일까요?

우리는 하나님이 얼마나 관대하신 분인지 잘 알고 있습니다. 그렇다면 여기에는 우리가 알지 못하는 비밀이 숨겨져 있음이 분명합니다. 믿음은 방패로 표현되고, 방패는 전쟁터에서 사용하기 위해 만든 무기입니다. 즉, 우리가 전쟁터로 들어가지 않고 있기 때문에 주어진 여러 상황이 변화되는 것을 믿음 안에서 확인하지 못하는 것은 아닐까요?

종종 저는 제 자신에게 '현실적이 되자'라고 말하면서 스스로를 진정시킬 때가 있습니다. 치유를 간절히 구하다가도 금세 지쳐버리거나 지역사회가 변화되길 바라는 기대치를 낮출 때도 있습니다. 난민들을 안타까워하는 마음이나 이웃의 구원에 대한 뜨거운 마음이 식기도 합니다. 그때마다 저는 분명 다시금 열정을 깨워 일으킬 필요가 있습니다!

믿음은 행동할 때에 비로소 자랍니다. 믿음의 방패를 들어 올릴 때에 비로소 '현실주의'(realism)라는 불화살을 막을 수 있습니다! 믿음의 방패를 들어 올린 그곳에는 거대한 '실재'가 존재하는데 그것은 바로 하나님의 왕국입니다. 믿음은 사용하면 할수록 자라나고, 더 큰 장애물을 극복해나갑니다. 즉, 우리가 믿음의 방패를 들고 서 있으면 있을수록 더 큰 기적을 보게 될 것입니다. 물론 '계속해서 서 있는 행동'과 '모든 일을 행한 후에 거기 서 있는 행동'은 많은 대가를 요구합니다.

서 있는 것은 결코 편안한 행동이 아닙니다. 경각심을 가지고 경계를 게을리 할 수 없게 만드는 행동입니다. 바로 그것은 우리의 영을 깨워 늘 성령 충만을 위해 기도해야 함을 의미합니다. 그런데 이는 우리 힘으로 불가능하고 내가 죽어야만 가능합니다. 바울은 그 비밀을 알고 있었습니다.

> 내가 그리스도와 함께 십자가에 못 박혔나니 그런즉 이제는 내가 사는 것이 아니요 오직 내 안에 그리스도께서 사시는 것이라 이제 내가 육체 가운데 사는 것은 나를 사랑하사 나를 위하여 자기 자신을 버리신 하나님의 아들을 믿는 믿음 안에서 사는 것이라. 갈 2:20

그리스도 외에 어느 누가 원수의 공격에 맞설 수 있을까요! 겟세마네 동산에서 제자들은 모두 잠에 빠져 있었지만, 예수님의 싸움은 맹렬했습니다. 예수님은 아버지의 뜻에 전적으로 굴복하시기까지 어둠의 힘에 대항하셔야만 했습니다.

예수님의 믿음은 그곳에 자신을 서 있도록 만들었습니다. 그리고 그 '서 있음'은 십자가에 죽기까지 순종의 자리로 그분을 이끌었습니다. 만일 우리가 이것을 배우지 못한다면, 성공 가능성이 전혀 없는 헛수고만 계속하고 결국 스스로를 지치게 할 것입니다. 우리의 힘은 우리를 방해할 뿐입니다. 우리는 나의 힘을 반드시 십자가로 가져가야 합니다.

우리 손에 들려 있는 믿음의 방패는 예수님께서 하나님 아버지의 뜻에 순종하심으로 들어 올리셨던 방패와 같습니다. 믿음의 방패를 들어 올리는 행동은 내 감정과 상황에 상관없이 "나는 주님을 신뢰합니다"라고 고백하는 것입니다. 승리는 순종으로 완성됩니다.

갈라디아서 2장 20절을 킹제임스 버전으로 읽으면 다음과 같습니다.

> 내가 그리스도와 함께 십자가에 못 박혀 있으나 그럼에도 불구하고 사노라. 그러나 내가 아니요 그리스도께서 내 안에 사시느니라. 나는 지금 내가 육체 안에서 사는 삶을, 나를 사랑하사 나를 위하여 자신을 주신 하나님의 아들의 믿음으로 사노라. 갈 2:20

예수 그리스도는 하나님 아버지 안에서 그분이 가지셨던 믿음을 우리에게 주십니다. 그리고 이를 위해 우리를 부르고 계십니다. 예수님은 진정 우리의 방패이십니다.

구원

구원의 투구 … 을 가지라. 엡 6:17

주님은 그분의 생명으로 우리 머리에 구원의 투구를 씌워주십니다. 우리의 임무는 그것이 잘 씌워져 있도록 나의 마음과 생각을 지키고 구원을 의식하면서 살아가는 것입니다. 그런데 우리 마음에 그리스도로부터 끊겨진 듯한 위기감이나 단절감이 느껴질 때가 있습니다. 그 이유는 외부의 적의 공격이 아닌 바로 내 안에 있는 생각 때문입니다.

예수님은 십자가에서 승리하심으로써 우리를 구원하시고 사탄의 모든 무리를 무력화시키셨습니다.

> 또 범죄와 육체의 무할례로 죽었던 너희를 하나님이 그와 함께 살리시고 우리의 모든 죄를 사하시고 우리를 거스르고 불리하게 하는 법조문으로 쓴 증서를 지우시고 제하여 버리사 십자가에 못 박으시고 통치자들과 권세들을 무력화하여 드러내어 구경거리로 삼으시고 십자가로 그들을 이기셨느니라. 골 2:13-15

이제 사탄에게는 어떠한 무기도 들려 있지 않습니다. 다만, 이 책의 6장에서 나누었듯 거짓말을 사용합니다. 만약 우리가 마음과 생각에 쓴 뿌리를 내리거나 용서하지 않는 마음을 품으면 사탄이 거짓을 들고 들어와 둥지를 틀 것입니다. 우리가 하나님께 택함받은 자, 사랑받는 자로서의 부르심을 잊으면 사탄은 "너는 쓸모없고 무능해"라고 속삭이며 크게 즐거워할 것입니다.

우리 말은 권능을 가지고 있습니다! 예를 들어, "피곤해 죽을 것 같아"라는 말을 계속하면 그 말로 인해 스스로 탈진해버리고 말 것입니다. 의학계에서도 육체와 정신은 강한 상관관계가 있다고 말합니다.

그렇다면 영과 정신(혼)의 상관관계는 어떠할까요? 예를 들어, "나는 패배자야"라고 계속 되뇌이면 그 거짓이 점차 믿음이 되어 우리의 영을 짓밟고 파괴하게 됩니다. 거기서 더 나아가 견고한 진을 치면 자신이 어떠한 성공을 거두든 사람들이 어떠한 칭찬을 하든 끝까지 자신을 실패자로 여기고 진실을 보지 않게 됩니다. 바울의 고백과 같이 "하나님을 아는 것을 대적하여 스스로 높아진 판단"(ESV 직역)으로 자신의 진을 굳게 세워버린 것입니다.

> 우리의 싸우는 무기는 육신에 속한 것이 아니요 오직 어떤 견고한 진도 무너뜨리는 하나님의 능력이라 모든 이론을 무너뜨리며 하나님 아는 것을 대적하여 높아진 것을 다 무너뜨리고 모든 생각을 사로잡아 그리스도에게 복종하게 하니. 고후 10:4-5

당신은 당신 자신에 대하여 '나는 낮은 자리에서 겸손히 살아가고 있다', '나는 매우 정확하고 바른 견해로 판단하고 있다'고 생각할지도 모르겠습니다. 그러나 그 모든 생각과 판단이 하나님께서 나를 바라보시는 방식이 아니라면, 그것은 나만의 '높아진 생각과 판단'일 뿐입니다.

사탄은 언제나 우리를 공격할 준비가 되어 있습니다. 우리 생각에 주특기인 거짓을 들고 들어와 자주 분노나 우울한 감정에 빠져 있게 만듭니다. 죄는 머릿속 생각으로부터 시작되기 때문입니다. 그래서 주님은 머리를 보호하는 구원의 투구를 우리에게 '거저' 주셨습니다. 만약 이 값없이 받은 선물인 구원의 투구가 없었다면 우리는 늘 처절한 싸움을 해야 했을 것입니다. 거룩한 권능의 무기인 구원의 투구를 주셔서 우리로 견고한 진을 무너뜨리며 살아가도록 하신 우리 주님께 감사드립니다!

구원의 가치를 아는 깨어 있는 삶이야말로 구원의 투구를 쓰고 살아가는 삶입니다. 내가 구원받은 자임을 자각하면 할수록 사탄의 거짓말은 우리 생각을 맘대로 조정할 수 없게 될 것입니다. 비록 잘못을 하더라도 금세 바로 잡을 수 있게 될 것입니다. 우리를 넘어뜨리는 정죄감도 우리 안에 자리 잡을 수 없게 될 것입니다.

예수, 그 이름의 의미는 '구원'입니다. 예수님이 바로 우리의 구원의 투구이십니다. 만약 지금 당신이 구원의 투구를 쓰고 있다면, 분명 '그리스도의 마음'을 가지고 있을 것입니다.

누가 주의 마음을 알아서 주를 가르치겠느냐 그러나 우리가
그리스도의 마음을 가졌느니라. 고전 2:16

성령

성령의 검 곧 하나님의 말씀을 가지라 모든 기도와 간구를 하

되 항상 성령 안에서 기도하고 이를 위하여 깨어 구하기를 항
상 힘쓰며 여러 성도를 위하여 구하라. 엡 6:17-18

"하나님의 말씀인 성령의 검은 기도입니다!"
여기서 저는 거침없이 '기도'라는 단어를 덧붙여 사용했습니
다. 원래 히브리어 원문은 절의 구분이나 구두점이 없으므로 이
말씀을 마침표 없이 한번에 연결해서 읽으면 제 말의 의미를 알
수 있을 것입니다.
말씀의 검은 우리 기도에 강력한 힘이 됩니다. 어떻게 기도해
야 할지 막막할 때, 우리는 하나님의 말씀으로 기도해야 합니다!
하나님의 축복의 말씀에 나와 사랑하는 이들의 이름을 넣어 기
도할 수 있다는 것이 얼마나 놀라운 일인지요! 하나의 예로 우리
는 에베소서 1장 3-5절 말씀에 자신의 이름을 넣어 다음과 같이
기도할 수 있습니다.

> 찬송하리로다 하나님 곧 우리 주 예수 그리스도의 아버지께
> 서 그리스도 안에서 하늘에 속한 모든 신령한 복을 게일에게
> 주시되 곧 창세 전에 그리스도 안에서 게일을 택하사 게일로
> 사랑 안에서 그 앞에 거룩하고 흠이 없게 하시려고 그 기쁘신
> 뜻대로 게일을 예정하사 예수 그리스도로 말미암아 자기의
> 딸이 되게 하셨으니.

진리는 우리의 무기입니다. 진리의 말씀은 우리의 혼(soul)을

먹이고, 우리가 설 수 있도록 붙들어 줍니다. 당신 안에 성령의
숨결로 불어넣어진 말씀이 있다면, 어느 무엇으로도 그것이 성
취되는 것을 막을 수 없습니다. 단, 우리 자신은 제외입니다. (그
렇게 해서는 안 되지만) 오직 나로 인해 말씀의 성취가 막힐 수
있습니다. 성경은 우리에게 다음과 같이 말합니다.

> 이는 비와 눈이 하늘로부터 내려서
> 그리로 되돌아가지 아니하고 땅을 적셔서
> 소출이 나게 하며 싹이 나게 하여
> 파종하는 자에게는 종자를 주며
> 먹는 자에게는 양식을 줌과 같이
> 내 입에서 나가는 말도 이와 같이
> 헛되이 내게로 되돌아오지 아니하고
> 나의 기뻐하는 뜻을 이루며
> 내가 보낸 일에 형통함이니라. 사 55:10-11

　하나님의 말씀은 헛되이 그분께로 다시 돌아가지 않습니다.
비록 지금은 아무것도 보이지 않을지라도 결코 그렇지 않습니
다. 그렇다면 우리는 어떻게 주님께 받은 말씀을 다시 그분께로
되돌려드릴 수 있을까요? 그 방법은 받은 말씀을 소리 내어 선
포하고, 받은 말씀으로 기도하고, 받은 말씀에 순종하는 것입니
다. 그러면 하나님의 말씀이 우리 안에 믿음으로 작용하기 시작
합니다.

성령의 검은 우리 입에 있는 하나님의 말씀, 즉 예수 그리스
도이십니다.

하나님의 전신 갑주

하나님은 우리가 악한 날에 능히 설 수 있도록 하나님의 전
신 갑주를 입으라고 하십니다. 전신 갑주의 각 부분은 예수 그리
스도를 나타내고 있습니다. 바울은 로마인들에게 보낸 편지에서
이를 다음과 같이 요약하고 있습니다.

> 오직 주 예수 그리스도로 옷 입고 정욕을 위하여 육신의 일을
> 도모하지 말라. 롬 13:14

지금 이 시간 주님은 우리에게 '예수 그리스도로 옷 입으라'
고 부탁하십니다. 그분은 늘 우리 안에 계시고 우리가 그분 안에
굳게 서 있기를 원하십니다. 주의 사랑하는 용사인 우리는 끝까
지 예수 안에 서 있어야 합니다.

모든 것을 행하고

저희 네이션스는 새로운 선교운동을 일으키는 단체들이 곳

곳에 세워지도록 그 과정과 양육을 지원하고 있습니다. 최근 몇 년 전부터는 그 사역의 계속적인 성장을 위하여 훈련받는 청년들이 생활할 숙소가 필요하다는 마음이 들었습니다. 당시 훈련받는 청년들은 저희 선교회가 있는 지역에 개인적으로 방을 빌려 월세로 지내고 있었습니다. 하지만 한국인 청년이 낯선 곳에 와서 집을 구하는 것은 현실적으로 매우 어렵고 조건도 맞지 않았습니다. 집주인들도 장기세입자를 더 원했습니다. 갈수록 집을 구하는 일은 어려워졌고, 저희는 훈련센터 건물을 증축하려 했지만 진전되지 않았습니다.

그러던 어느 날, 저희 동역자의 딸이 오래된 노인요양시설이 매물로 나왔다고 전해주었습니다. 놀랍게도 그 시설은 저희 센터에서 도보로 몇 분이면 이동이 가능했습니다. 게다가 세면대가 갖춰진 방마다 20여 개의 침대가 놓여 있었고, 알맞은 크기의 식당 겸 모임을 할 수 있는 공간과 주방도 갖춰져 있었습니다.

시설을 둘러보기 위해 찾아갔을 때, 저희는 그곳이 가장 이상적인 공간임을 확신했습니다. 그리고 이와 동시에 저희 말고도 두 곳 이상이 그곳을 원하고 있으며 건물 매각 방법이 비공개 입찰이라는 사실도 새롭게 알게 되었습니다. 당시 저희가 가진 몇천 파운드의 잔고는 입찰에 참여하기 터무니없는 액수였습니다. 더욱이 적어낸 입찰가와 함께 지불이 가능하다는 잔고증명서를 첨부해야 했는데, 저희 재정과 은행 잔고는 이미 입찰이 불가능하다고 말해주고 있었습니다.

그럼에도 저희는 계속해서 기도했고, 주께서 그 건물을 취하라고 하시는 것을 계속해서 느꼈습니다. 저희 모두는 예수님이 나귀를 데려 오라고 제자들을 보내실 때에 하신 말씀, 즉 "주가 쓰시겠다 하라"를 동일하게 들었습니다.

> 만일 누가 너희에게 왜 이렇게 하느냐 묻거든 주가 쓰시겠다
> 하라 그리하면 즉시 이리로 보내리라 하시니. 막 11:3

그때부터 저희는 연합하여 사역하는 여러 단체들과 함께 기도하기 시작했습니다. 그 일은 저희를 넘어 그들의 유업이기도 했습니다! 다 함께 모여 기도하던 중에 누군가가 다음 말씀을 읽었습니다.

> 또 이르시되 너희 중에 누가 벗이 있는데 밤중에 그에게 가서
> 말하기를 벗이여 떡 세 덩이를 내게 꾸어 달라 내 벗이 여행
> 중에 내게 왔으나 내가 먹일 것이 없노라 하면. 눅 11:5-6

누가복음 11장 말씀은 예수님께서 비유로 하신 말씀으로, 처음에는 벗에게 떡을 주지 않았지만 집요하게 구하자 결국 주었다는 내용입니다. 여기서 벗에게 줄 떡을 구하러 다른 벗의 집 앞에 빈손으로 서 있는 사람이 마치 저희 같았습니다. 저희 역시 건물을 매각하는 사람과 입찰을 위해 경쟁하는 사람들 앞에 입찰가로 써낼 돈이 없는 빈손이었습니다. 그래서 이 말씀이 벗들을 찾아가 도움을 요청하라는 주님의 격려로 다가왔고, 이를 위해

먼저 저희가 가진 모든 것을 내놓아야 한다는 것을 느꼈습니다.

저희는 먼저 헌금을 드리는 시간을 가졌습니다. 훈련을 받기 위해 와있던 청년들도 가진 모두를 헌금했고, 어느 부부는 땅을 팔아 헌금하기도 했습니다. 저희는 가진 물건들을 내다 파는 등 정말 최선을 다했습니다. 그러자 놀랍게도 벗들로부터 헌금이 들어오기 시작했습니다.

어느 날, 입찰 금액을 결정하기 위해 모두가 서서 기도하는 중에 한 청년의 마음에 숫자가 떠올랐고, 그는 용기내어 입찰가를 말했습니다. 그곳에 모인 모두는 그 일의 증인이 되었습니다. 그러나 저희는 여전히 정한 입찰가보다 십만 파운드(당시 환율로 약 1억 5천만 원) 가량 부족했고, 마감일은 점점 다가오고 있었습니다. 결국 저는 무거운 마음으로 주택담보대출이 가능한지 알아보려고 은행에 갔습니다. 그런데 대출을 받더라도 원금과 이자를 갚기 위해 훈련생들이 더 많은 비용을 내야 하는 것이 마음에 걸렸습니다. 하지만 그때는 대출만이 유일한 방법 같았습니다.

놀랍게도 저는 은행에서 대출 승인을 받았습니다. 저는 그 전에 한 가지 제안, 즉 통장에 재정이 채워지면 그만큼 대출금을 줄여 달라고 했습니다. 지금 당장 제출할 증명서가 필요하지 않았고, 앞으로도 계속 헌금이 들어오리라는 기대가 있었기 때문입니다. 감사하게도 헌금은 계속 들어왔고, 며칠 후엔 대출금을 10만 파운드에서 8만 파운드로 낮출 수 있었습니다.

지금까지도 저희는 매주 목요일마다 모든 단체가 함께 모여 기도를 하는데, 특별히 그날 목요기도모임에는 미국에서 두 명이 저희를 방문하여 함께했습니다. 그들은 동역하는 선교단체 리더의 초대를 받고 온 사람들이었습니다. 기도회를 마친 후, 그들 중 한 사람이 저희에게 대출금이 얼마냐고 물었고, 얼마 후 자신이 모든 금액을 지급하겠노라고 연락해왔습니다. 그제야 저희는 그가 미국에서 체인점을 운영하는 음식점 대표임을 알았고, 그렇게 대출금을 완납하게 되었습니다. 얼마나 놀라운 일인지요! 저희가 건물을 보고 입찰에 참여하기까지는 고작 몇 주에 불과했습니다.

그런데 입찰 종료 후, 경쟁자들의 입찰액이 공지되었는데 저희가 가장 적은 금액이었습니다. 당시 한국에 머물러 있던 저는 그 소식이 담긴 메일을 읽고 또 읽었습니다. 지금까지 한 일이 한순간에 수포로 돌아간 것만 같고 마음이 어려웠습니다. 저는 웨일즈로 돌아와서 저뿐 아니라 모두가 저와 같은 마음임을 알았습니다. 저희는 다시 일어나 기도하기 시작했습니다. 이와 동시에 여러 방법도 알아보았지만 합법적으로 건물을 취할 수 있는 방법은 전혀 없었습니다.

저희는 새벽마다 그 건물을 마주보고 서서 선포했습니다. 혹시라도 이웃들을 깨울까 봐 아주 작은 소리로 말했습니다.

"하나님, 일어나소서!"

저희가 할 수 있는 일이라곤 주님 앞에 서서 그분이 직접 행하시는 일을 기다리는 것뿐이었습니다. 그렇게 거리에 서서 기도한 지 두 주도 안 된 어느 날, 낙찰 받은 곳과 판매자 사이에 거래가 성사되지 않았다는 소식을 들었습니다. 물론 기쁜 소식이었지만, 여전히 저희보다 우선순위에 있는 입찰자가 있었습니다.

원래 입찰자 정보가 공개되지 않는데, 주민들 사이에 다음 입찰자에 대한 소문이 퍼지기 시작했습니다. 소문에 의하면 그곳은 정부의 지원으로 막 교도소에서 나온 출소자들을 위한 단체였습니다. 이내 주민들은 길을 막고 앉아 현수막을 흔들며 농성을 하기 시작했습니다. 지역신문에 실린 사진 속 현수막에 눈에 띄는 문구가 보였습니다.

"우리는 범죄자가 아니라 선교사를 원한다!"

결국 그 단체는 입찰을 포기했고, 건물은 다음 순서인 저희에게 넘어왔습니다. 그런데 이보다 더 감사한 것은 주님께서 저희 가운데 특별한 일을 행하셨다는 것입니다. 저희는 모두 주의 말씀 위에 섰고 기적을 보았습니다. 성령 안에서 연합의 능력을 함께 배웠습니다. 저희는 서로에게 간증이 되었고, 평생 간직할 놀라운 간증을 갖게 되었습니다. 그리고 그 간증은 사역의 성장을 위한 견고한 기초가 되어 주었습니다.

Chapter 8

인내함

삶의 이물질이 진주가 되다

나오십시오! 어둠이 가득한 그 무덤에서 나오십시오
당신이 살아있다고 느끼는 그 삶은 진짜 삶이 아닙니다
저는 사로잡힐 수밖에 없는 당신의 강한 두려움을 압니다
잔잔하고 끈질긴 부르심, 당신은 그 부르심이 들리지 않나요?

당신은 지쳤고 현실을 직면하지 못하고 있습니다
당신이 먹어 온 거짓말은 당신의 영혼을 압박하고 있습니다
당신은 홀로 고립되었으며 사랑받지 못한다고 느끼고 있습니다
"만약에"를 되풀이하며 후회하고 인생의 목표를 잃었습니다

어둠 속에 조용히 눈물을 흘리시는 그분을 바라보십시오
그분의 심장은 당신의 고통을 봄으로써 꿰뚫렸습니다
그분은 당신에게 손을 내밀고 똑바로 바라보고 계십니다
권위를 가지고 당신의 이름을 부르고 계십니다

당신의 있는 모습 그대로 나오십시오
들러붙어 있는 의심들을 무시하고 나오십시오
친구들이 당신의 수의를 벗겨줄 것입니다
"나오라, 나오라!" 이것은 사랑의 외침입니다
당신은 삶과 죽음, 낮과 밤 무엇을 선택하겠습니까?

나는 그분의 눈물을 봅니다
나는 그분의 음성을 듣습니다
그분은 나의 이름을 부르십니다 나는 선택합니다
한낮의 따가운 햇살이 내 눈을 상하게 합니다
그러나 나는 더 이상 거짓 안에 살지 않을 것입니다
그분의 목소리는 매우 고요하고 강렬합니다
내 영혼을 꿰뚫는 소리
오 주님, 내가 주께로 나아갑니다

우리는 모두 그곳에 가보았습니다. 그곳은 바로 '어둠의 자리'입니다. 그곳에서는 아무리 절박하게 부르짖어도 누구 하나 응답해주지 않습니다. 아니, 응답 대신 비극이 닥칩니다. 도와주는 사람 하나 없이 속수무책으로 비극의 동굴로 끌려 들어가야 합니다. 그 어둠의 자리에 있을 때, 우리에게 필요한 것은 단 하나 '인내'입니다.

앞에서 나누었듯 마리아와 마르다, 그리고 나사로는 절박한 상황에 놓여 있었습니다. 그들은 언제나 예수님을 의지했고 그분이 치유자이심을 굳게 믿었습니다. 그러나 정작 그들이 주님을 간절히 기다릴 때 주님은 그들과 함께 하지 않으셨습니다. 성경을 보면 이와 유사한 이야기들을 쉽게 찾을 수 있습니다. 다윗은 목숨이 위협받는 상황에서 미친 척해야 했습니다. 기드온과 이스라엘 백성은 여러 해 굶주림 가운데서 적이 그들의 농작물을 먹는 모습을 지켜보아야 했습니다. 안나는 과부로 84년간 성전에서 기도하면서 언제 오실지 모를 메시야를 기다려야 했습니다.

왜 하나님은 우리를 이토록 기다리게 하실까요? 왜 우리에게 인내를 바라실까요? 여러 답이 있을 수 있지만, 여기 바울의 고백 가운데 가장 중요한 답을 발견할 수 있습니다.

다만 이뿐 아니라 우리가 환난 중에도 즐거워하나니 이는 환난은 인내를, 인내는 연단을, 연단은 소망을 이루는 줄 앎이로다 소망이 우리를 부끄럽게 하지 아니함은 우리에게 주신 성령으로 말미암아 하나님의 사랑이 우리 마음에 부은 바 됨이

니. 롬 5:3-5

얼마나 이상한 전개인가요! 타락한 세상을 살아가는 우리는 '고통'(개역개정은 '환난'이라고 표현하나 저자는 NIV를 따라 '고통:suffering'이라고 함)을 피할 수 없습니다. 그런데 그 고통을 사랑의 하나님께서 직접 디자인하십니다. 우리는 고통 가운데 인내함으로써 '성품'(개역개정은 '연단'이라고 표현하나 저자는 NIV를 따라 '성품:charactor'이라고 함)을 얻고, 그제야 절망 가운데서도 소망을 품게 됩니다. 소망은 모호한 꿈같은 것이 아닙니다. 우리를 향한 하나님의 사랑을 확신함으로써 그 안에 닻을 내리는 것입니다. 예수님은 우리가 영원토록 그분과 함께 다스릴 수 있도록 우리의 성품을 그분의 훈련장에서 다듬고 단련시키십니다.

> 만일 누구든지 금이나 은이나 보석이나 나무나 풀이나 짚으로 이 터 위에 세우면 각 사람의 공적이 나타날 터인데 그 날이 공적을 밝히리니 이는 불로 나타내고 그 불이 각 사람의 공적이 어떠한 것을 시험할 것임이라. 고전 3:12-13

인내는 예수님의 성품 가운데 하나입니다. 이 땅에서 예수님은 30년 동안, 하나님의 때를 잠잠히 기다리셨습니다. 주위에서 일어나는 수많은 아픔들에 대응하지 않으시고 묵묵히 목수 일을 하셨습니다. 예수님은 하늘 아버지의 때를 믿고 기다리셨습니다. 세상의 운명이 그분께 달려 있었지만 조급해하지 않으시고 인내하셨습니다.

우리에게 어려운 것 중 하나가 '하나님의 때를 이해하는 일'입니다. 저는 주님으로부터 자주, 정확하게 듣지만 '기다림'이라는 하나님의 시간을 이해하기도 전에 바로 뛰어가 '행동'하곤 합니다. 기다림은 우리의 성품이 주님을 닮아가는 시간입니다. 그리고 여기에는 또 다른 아주 특별한 이유가 있습니다.

한나

해마다 한나는 성전에 올라가 아들을 주시길 간절히 구했지만 아무 응답도 받지 못했습니다. 아마도 그때 한나는 자신의 기도가 '하나님의 열망'을 반영하고 있다는 것을 몰랐을 것입니다. 사실 하나님도 '아들'을 열망하고 계셨습니다. 각자의 소견대로 살아가는 타락한 세대 가운데 오직 주의 말씀만 듣고 그 말씀대로 그분의 백성을 인도할 한 아들, 그래서 이 땅에 하나님의 나라를 임하게 하는 한 아들을 말입니다. 그러나 한나는 자신만을 위해 기도했고 자신의 필요만을 구했습니다.

그러던 어느 날, 한나는 깨달았습니다. 하나님도 자신과 마찬가지로 아들을 원하고 계신다는 사실을 말입니다.

서원하여 이르되 만군의 여호와여 만일 주의 여종의 고통을 돌보시고 나를 기억하사 주의 여종을 잊지 아니하시고 주의 여종에게 아들을 주시면 내가 그의 평생에 그를 여호와께 드리고 삭도를 그의 머리에 대지 아니하겠나이다. 삼상 1:11

하나님은 그녀를 오래 기다리셨습니다! 하나님의 마음을 품게 된 한나는 이제 주님이 자신의 기도를 '연마'하셔서 그분이 원하시는 기도를 할 수 있도록 자기 자신을 내어드립니다. 이기심을 도려내고 주께 복종하기로 결단합니다.

하나님은 우리의 아버지이십니다. 아직 어린아이 같은 우리는 하나님께 내 모든 필요에 응답해주셔야만 한다고 고집을 부리지만, 주님은 우리가 젖먹이로 머물러 있길 원하지 않으십니다. 그분과 함께 다스리는 자로 성장하여 단단한 고기도 먹을 수 있길 원하십니다. 그래서 때론 뒷짐 지고 물러나 서 계실 때도 있습니다. 주님은 이기적인 신부를 원하지 않으십니다. 우리가 나 자신보다 주님을 더 사랑하는 자로 성장하고, 나 자신의 필요보다 주님의 필요를 더 원하는 신부가 되길 원하십니다.

한나가 성전에 어린 사무엘을 남겨두고 홀로 돌아올 때, 즉 그 가슴 찢어지는 헌신을 했을 때, 그녀는 초자연적인 기쁨으로 충만해져 예언적 노래를 부르기 시작했습니다. 그녀는 이스라엘의 참된 왕을 '보았습니다.' 그리고 성경에서 가장 처음 '메시야'(기름 부음 받은 자)라는 단어를 사용한 자가 되었습니다. 아주 잠시였지만 한나는 이스라엘뿐 아니라 모든 민족이 주께로 돌아오는 일에 쓰임 받는 그 아들의 충만함을 보았습니다.

여호와께서 땅 끝까지 심판을 내리시고 자기 왕에게 힘을 주
시며 자기의 기름 부음을 받은 자의 뿔을 높이시리로다 하니
라. 삼상 2:10

하나님은 한나를 잊지 않으시고 세 아들과 두 딸을 주셨습니
다. 우리 하나님은 결코 사람에게 빚지지 않으십니다!

만약 당신의 절박한 기도가 응답받지 못하는 것 같다면, 이기
적인 욕망으로 기도하고 있는 것은 아닌지 주께 여쭈어 보아야
합니다. 그것은 결코 잘못된 것이 아닙니다.

다니엘

때때로 기다림은 하나님의 더 큰 목적을 위하여 주어지는 불
가피하고 필연적인 것입니다. 그런데 그 기다림의 시간은 하나
님의 계획을 깨달을 때까지 매우 혼란스러울 수 있습니다.

다니엘은 이방신을 섬기는 나라에 포로로 끌려와 많은 일을
겪어야 했습니다. 아마 거세도 당했을 것입니다. 평범한 젊은이
가 꾸는 꿈조차 빼앗긴 그였지만, 그는 하나님을 사랑했고 그분
앞에 신실하게 서 있었습니다. 다니엘은 하나님을 예배하면서
그분의 때를 기다렸습니다. 그 시간 동안 핍박을 받기도 하고 높
은 지위를 얻어 인정을 받기도 했습니다.

어느 날, 예레미야의 예언의 의미를 깨달은 다니엘은 하나님

께서 이스라엘의 불순종으로 70년간 벌을 내리셨고, 이제 그들이 포로에서 해방될 날이 다가오고 있음을 알았습니다.

> 곧 그 통치 원년에 나 다니엘이 책을 통해 여호와께서 말씀으로 선지자 예레미야에게 알려 주신 그 연수를 깨달았나니 곧 예루살렘의 황폐함이 칠십 년 만에 그치리라 하신 것이니라.
>
> 단 9:2

다니엘은 민족의 해방을 위해 하나님께서 움직이시기만을 기다리지 않았습니다. 금식하고 회개했습니다. 민족의 죄를 자신의 죄로 고백했습니다. 겸손히 주의 긍휼을 구했습니다.

하나님은 그의 간구를 들어주셨고, 마지막 때에 일어날 일들까지도 보여 주셨습니다. 그것은 예언적 은사입니다! 다니엘이 인내로써 모든 것을 견디며 기도했기에 받은 은사였습니다. 또한 그는 자신의 성품이 하나님의 사랑의 용광로 안에서 온전히 단련되어 빚어지도록 인내로써 자신을 주께 내어드렸습니다.

하나님의 크신 목적은 우리가 단지 이 땅에서만 영향력을 발휘하는 것이 아니라 하늘의 영역에서도 그렇게 하는 것입니다. 다니엘서를 보면 하늘의 영역에서 벌어지는 전투가 있음을 알 수 있습니다. 사도 바울이 에베소서 6장에서 언급하듯 어둠의 세상 주권자들과 하늘에 있는 악한 영들이 존재하고, 그 존재들은 자신들의 영향력 아래 민족들을 사로잡고 있습니다.

한번은 다니엘이 21일간 금식을 작정하고 기도할 때였습니다. 시간이 지나도 아무런 돌파구가 보이지 않고 하늘은 놋처럼 단단해보였지만 그는 계속해서 부르짖었습니다.

> 그가 내게 이르되 다니엘아 두려워하지 말라 네가 깨달으려
> 하여 네 하나님 앞에 스스로 겸비하게 하기로 결심하던 첫날
> 부터 네 말이 응답 받았으므로 내가 네 말로 말미암아 왔느니
> 라. 단 10:12

천사는 다니엘에게 "바사(페르시아) 왕국의 군주가 이십일 일 동안 나를 막았으므로 내가 거기 바사 왕국의 왕들과 함께 머물러"(단 10:13) 있어야 했다고 자신이 늦은 이유를 말했습니다. 당시 다니엘이 페르시아 왕의 지배 아래 있었던 것은 우연이 아니었습니다. 훗날 페르시아 왕은 이스라엘을 향해 포로생활이 끝났음을 선포하고 예루살렘으로 돌아가도록 허락했습니다. 즉, 다니엘의 기도가 페르시아를 사로잡은 어둠의 권세를 이기고 왕이 하나님의 말씀에 응답하도록 만든 것입니다.

우리가 하늘에서 벌어지는 모든 전투를 다 이해할 순 없지만, 세상 권력의 배후에 영적 영역이 있다는 것과 그 영역이 하나님의 뜻대로 변화되는 데 우리의 기도가 사용된다는 사실을 우리는 반드시 기억해야 합니다.

우리가 민족과 나라를 위해 기도할 때(삶의 작은 영적 전쟁부터 자신을 주께 내어드리면 이 전쟁에도 초대받을 것입니다), 인내는 필수입니다. 인내로써 기도할 때, 눈에 보이지 않는 영역이 주의 뜻대로 놀랍게 변

화될 것입니다.

요나단

성도에게 '인내'는 불가피하고 필수적인 요소입니다. 그리고 반드시 '좌절'을 극복해야만 지켜낼 수 있는 것입니다. 좌절은 사탄의 거짓이라는 무기고 안에서 아주 효과적인 무기 중 하나입니다. 좌절(discouragement)은 문자 그대로 우리에게서 용기(courage)를 빼앗아갑니다. 만약 당신 마음에 "그것은 내게 너무 과분해", "내가 하는 일마다 잘못되는 걸!"이라는 말이 자리 잡고 있다면, 이미 사탄에게 승리를 내어준 것입니다. 사탄의 계략은 싸우기도 전에 전세를 자기 쪽으로 가져오는 것입니다.

절대로 실패를 두려워하지 마십시오. 그것은 우리 모두가 경험하는 일입니다. 때때로 실패는 어떤 일을 계속하게 하는 원동력이 되기도 하고, 모든 일을 포기하게 만드는 동기가 되기도 합니다. 즉, 그 결과는 내 생각에 따라 달라지는 것입니다. 잘 알려진 시편 46편 마지막에 이러한 구절이 있습니다.

너희는 가만히 있어 내가 하나님 됨을 알지어다
내가 뭇 나라 중에서 높임을 받으리라
내가 세계 중에서 높임을 받으리라. 시 46:10

주변 상황이 걷잡을 수 없을 만큼 나를 몰아칠 때가 있습니다. 그러할지라도 우리는 가만히 있어야 합니다. 오직 하나님의 통치 가운데로 들어가 있어야 합니다. 그러면 주님께서 우리를 통하여 높임을 받으실 것입니다. 본문 말씀에서 'Be still'("가만히 있어")은 'fail'(실패하다)로도 번역되는데, 그러면 다음과 같이 표현할 수 있습니다.

너희는 실패하여 내가 하나님 됨을 알지어다.

하나님의 목적은 우리의 실패에 아무런 영향을 받지 않습니다. 그분은 우리로 실패하게 하시지만, 여전히 우리를 사랑하시고 우리를 택하여 사용하십니다!

요나단은 일을 완전히 망쳐놓은 실패자 중 한 명이었습니다. 그가 블레셋 사람의 수비대를 공격한 일로 큰 전쟁이 일어났기 때문입니다(삼상 13장). 물론 그의 아버지 사울 왕 역시 계속 실책을 저질렀지만, 전쟁을 발발시킨 사람은 분명 요나단이었습니다. 전쟁에서 패한 이스라엘은 블레셋으로부터 철로 만들어진 모든 무기를 빼앗겼고, 이스라엘에서 칼과 창을 소유한 자는 오로지 사울과 요나단뿐이었습니다.

그 결과는 단지 무기를 가질 수 없다는 것뿐 아니라 도끼나 쟁기의 날을 가는 일조차 블레셋에 가서 돈을 지불하고 해야 한다는 것을 의미했습니다. 정말이지 굴욕적인 일이 아닐 수 없습니다. 블레셋은 이스라엘이 칼과 창을 만들지 못하도록 그 땅에 대장장이조차 용납하지 않았습니다.

요나단은 두려웠지만 낙심과 실패가 자신을 사로잡도록 용납하지 않고, 언약을 지키시는 주께로 자신의 눈을 고정했습니다. 그는 여호와의 구원을 믿었습니다. 그리고 주님께서 자신을 사용하신다면 목숨을 걸 각오가 되어 있었습니다!

> 요나단이 자기의 무기를 든 소년에게 이르되 우리가 이 할례 받지 않은 자들에게로 건너가자 여호와께서 우리를 위하여 일하실까 하노라 여호와의 구원은 사람이 많고 적음에 달리지 아니하였느니라. 삼상 14:6

요나단은 블레셋을 향해 "할례 받지 않은 자들", 즉 하나님의 언약 안에 있지 않은 자들이라고 선언합니다. 이는 블레셋이 이스라엘을 대항하여 설 수 없음을 뜻합니다. 요나단과 그의 무기를 든 소년은 블레셋 군인 20여 명을 무찔렀고, 이를 시작으로 이스라엘에 큰 승리를 안겨 주었습니다.

우리는 낙심과 실패의 한가운데서 "너희는 실패하여 내가 하나님 됨을 알지어다"라는 말씀을 기억해야 합니다. 하나님은 우리를 한순간도 포기하지 않으십니다!

진주

왜 새 예루살렘의 문이 '진주'로 만들어졌는지 궁금해한 적 있나요? 진주는 조개의 체내에 침입한 이물질로 인해 만들어집니다. 조개는 자신을 지키려고 이물질 표면에 진주층을 계속 입히는데, 매일 서너 겹씩 켜켜이 입히면 몇 백 몇 천 층이 됩니다. 좋은 진주일수록 수천의 진주층을 가지고 있습니다. 그렇게 조개는 인내로써 여러 해 동안 매일 진주층을 쌓습니다. 새 예루살렘의 문이 바로 이 진주로 만들어져 있습니다. 진주 문은 바로 '인내'를 상징합니다.

우리 삶에도 종종 '이물질'이 침입해 들어옵니다. 가정불화, 사탄의 공격, 내가 지은 죄의 결과이거나 누군가가 내게 저지른 죄의 결과, 질병, 외로움, 재정문제 등 다양한 이물질이 우리의 껍질을 뚫고 침입합니다. 그때 우리는 무엇을 할 수 있을까요? 어떻게 하면 내 안에 자리 잡은 이물질을 진주로 바꿀 수 있을까요? 그렇습니다, 오직 인내로만 가능합니다. 매일 나의 시선을 주께로 고정하여 포기하지 말고 기다려야 합니다.

너희 중에 고난당하는 자가 있느냐 그는 기도할 것이요. 약 5:13

아무것도 염려하지 말고 다만 모든 일에 기도와 간구로, 너희 구할 것을 감사함으로 하나님께 아뢰라. 빌 4:6

염려하지 말고 하나님께 나아가 기도하면 우리의 이물질은 진주가 될 것입니다! 기도는 이물질 위에 켜켜이 입혀지는 진주층과 같습니다. 기도층이 더해질수록 이물질은 더 이상 자극이 아닌, 하나님께 영광을 돌리는 도구가 될 것입니다. 진짜 진주가 그 안에 고유한 빛깔을 간직하고 있듯 주님은 우리 안에 '진짜 보물'을 창조하길 원하십니다.

때때로 우리는 무기력해질 수 있습니다. 그러나 결코 절망해서는 안 됩니다. 예수님이 십자가에 달려 돌아가심으로써 죄와 사망이라는 모든 '이물질'을 그분 안으로 가져 가셨기 때문입니다. 예수님은 순종의 인내로써 그것들을 정복하셨습니다. 선한 목자이신 예수님은 자신의 삶에 대하여 이렇게 말씀하십니다.

> 이를 내게서 빼앗는 자가 있는 것이 아니라 내가 스스로 버리노라 나는 버릴 권세도 있고 다시 얻을 권세도 있으니 이 계명은 내 아버지에게서 받았노라 하시니라. 요 10:18

예수님은 여섯 시간 동안 십자가에 달리셔서 극도의 고통을 견뎌내셔야 했습니다. 육체뿐 아니라 우리의 더러운 죄와 상응하는 영적 고통, 곧 처음이자 유일하게 하나님 아버지와 분리되는 고통을 견뎌내셔야 했습니다. 예수님은 이 모든 일이 이뤄지는 때를 아셨고, 바로 그때에 자신의 영을 하나님 아버지께 맡기셨습니다. 그렇게 예수님은 인내로써 우리에게 가장 값진 진주, 곧 구원을 주셨습니다. 예수님의 인내는 우리의 본이 됩니다. 그래서 우리가 그분 안에 설 때, 우리는 인내할 수 있습니다!

인내 프로젝트

소아마비에 걸린 사람을 만난 적 있나요? 오늘날 소아마비는 거의 모든 나라에서 종식을 선언한 질병입니다. 1980년대, 제가 사역하던 북아프리카의 한 나라는 세계에서 세 번째로 소아마비 환자가 많은 나라였습니다. 소아마비는 정말 잔인한 질병입니다. 발병 2주 내에 사망하거나 죽음을 피하더라도 마비로 인해 몸이 뒤틀리기 때문입니다. 많은 경우, 이 질병에 걸리면 부랑자 무리에 속해 살아가게 됩니다.

제가 그곳에서 사역할 때, 매년 한 학생단체가 저희가 섬기는 지역을 방문했습니다. 대다수가 의과대학생이었고, 그들의 수련 과정은 타국에서도 이수가 가능했습니다. 그때 레이첼(가명)이라는 여학생이 제게 이곳에서 수련 과정을 이수할 수 있도록 병원을 알아봐달라고 부탁했습니다. 저희는 기도하면서 여러 병원을 찾아다녔으나 실습하러 오는 의과대학생에 흥미를 보이는 병원은 없었습니다. 하루는 친구와 함께 이 일의 문을 열어 주시기를 간구하며 시내를 걷고 있는데, 친구가 성령의 강한 인도하심을 받아 뒤쪽을 가리키며 그쪽으로 가보자고 했습니다. 놀랍게도 그 길을 따라 걷자 한 병원 간판이 나왔습니다.

때마침 병원 입구에서 한 의사가 나왔습니다. (앞으로 A의사라고 부르겠습니다). 저희는 그에게 다가가 레이첼에 대한 이야기를 전했습니다. 그는 매우 밝고 개방적인 사람이었습니다.

"저는 늘 부족한 의사로 소아정형외과에서 아이들의 뼈를 치료하고 있습니다. 특별히 소아마비로 기형이 된 아이들 수술을 많이 하고 있는데 그들을 보면 마음이 너무 아픕니다. 왜 백신이 저희 아이들에게만 효과가 없는지 모르겠습니다."

몇 주 동안 A의사와 함께 지내면서 큰 감동을 받은 레이첼은 영국으로 돌아가 아이들을 위해 자신이 할 수 있는 일을 찾아보겠다고 했습니다. 레이첼은 왜 아이들이 백신을 맞아도 여전히 소아마비에 걸리는지 연구하기 위해 의학, 약학, 통계학, 생물의학, 물류, 기계공학 등을 전공한 사람들을 모아 진짜로 팀을 꾸렸습니다. 그녀는 앞으로도 할 일이 너무 많았습니다. 윤리적 측면의 허가를 받아야 했고 전문가와 논의를 해야 했으며 예산을 세워 마련할 뿐 아니라 연구비도 조달해야 했습니다. 설문지도 3개 국어로 준비해야 했고 그에 대한 동의서도 만들어야 했습니다. 솔직히 처음에는 그 일이 불가능해보였습니다. 더욱이 그들은 학생 신분이었습니다.

레이첼은 A의사와 만나기 위해 정기적으로 이곳에 방문했고, 때때로 동료들과 함께 오기도 했습니다. 그 과정에서 그들은 A의사를 통해 두 가지 소식을 들었습니다. 하나는 잘 알려진 구호단체에서 유사한 연구를 시도했으나 정부의 허가를 받지 못했다는 것이고, 다른 하나는 그 나라가 세계보건기구(WHO)에 소아마비는 '발병하지 않음'이라고 보고해왔다는 것입니다.

지금부터 나눌 간증은 제가 아닌, 레이첼과 그 팀원들의 '인내'에 관한 이야기입니다. 그들은 수많은 역경에도 불구하고 연구를 계속하기로 결정했습니다.

레이첼은 연구를 하려면 폴리오(Polio, 소아마비) 백신을 맞은 아이들의 혈액에서 혈청 항체 연구가 필요하다는 것을 알았고, 그 일을 위하여 혈액을 검사하고 분석하는 공인된 의료기관을 찾아야 했습니다. 또한 그 일을 위해서는 큰 비용이 필요했습니다. 그녀는 런던에서 한 공공연구소를 찾았는데, 놀랍게도 혈액 분석뿐 아니라 운송비 지불, 현장에서 필요한 장비까지 모두 제공해주겠다고 했습니다. 소아마비에 대한 프로젝트를 진행해오던 곳이었기에 그 연구를 적극적으로 도와주고 싶어 했습니다!

레이첼과 팀원들은 준비하기까지 2년 정도 걸렸고, 마침내 모든 준비를 마치고 자원봉사자들과 함께 출국 준비를 마쳤습니다. A박사는 레이첼과 자원봉사자, 그리고 팀원들이 입국하는데 필요한 모든 일을 도왔고, 그의 도움으로 모두 안전하게 잘 도착할 수 있었습니다. 그런데 도착하자마자 A박사로부터 암울한 소식을 들어야 했습니다. 연구를 진행하려면 먼저 보건부로부터 허가를 받아야 하는데, 이미 여러 단체가 거절당했다는 소식이었습니다.

A박사는 보건부 장관에게 그들의 프로젝트를 소개하는 편지를 써서 보냈습니다. 물론 팀에서도 편지를 보냈지만 어떠한 답변도 오지 않았습니다. 결국 그들은 보건부 사무실로 찾아가 관계자와 약속을 잡아줄 때까지 무작정 기다렸습니다. 그런데 그

기다림을 통해 두 가지를 얻었습니다. 첫째는 왕실 의사 중 하나인 A박사가 그곳에서 잘 알려진 사람이었다는 것이고, 둘째는 예전에 팀원 중 일부가 국가유공자들이 다니는 교회를 방문했다가 만난 한 사랑스러운 여성이 바로 영국대사의 비서였다는 사실입니다. 그녀의 도움으로 영국대사가 팀원들의 신분을 보증한다는 편지를 써주었고, 모두 안전하게 통행할 수 있도록 해주었습니다. 그리고 '단지' 이틀을 기다린 후에 관계자를 만날 수 있었습니다.

당시에는 전혀 몰랐던 사실인데, 그들이 기도로 프로젝트를 준비하기 시작한 시점부터 유니세프(unicef)에서는 소아마비 예방접종 캠페인을 위해 대규모 자금을 가지고 비공개적으로 이곳 보건부와 접촉해오고 있었습니다. 유니세프는 보건부에 캠페인을 시작하면 성공할 수 있다는 증명을 요구했고, 증명만 되면 엄청난 자금을 지원하겠다고 약속했습니다. 하지만 그때까지도 보건부 장관은 성공을 증명할 방법을 찾지 못하고 있었습니다. 즉, 레이첼은 가장 정확하고 확실한 때에 보건부 장관 직무실로 걸어 들어가고 있었습니다! 만약 1년 일찍 프로젝트를 시작했다면 성공하지 못할 일이었습니다.

프로젝트팀은 장관을 만나 특정 주에 거주하는 아이들의 혈액 표본을 채취할 수 있도록 허락해달라고 요청했습니다. 그런데 도리어 장관은 가능하면 전국의 아이들을 대상으로 하고, 예방접종 전후로 두 번에 걸쳐 혈액을 채취할 수 있는지 고려해달라고 했습니다. 장관의 제안은 그들이 생각하고 준비해온 것보다 더 뛰어난 계획이었습니다.

뿐만 아니라 장관은 모든 사회기반시설과 인력을 동원해 혈액 채취가 잘 이뤄지도록 돕겠다고 약속했습니다. 런던의 연구소는 더 넓은 지역에서 다양하고 많은 양의 혈액 표본을 채취하게 되었다는 소식에 기뻐하며 레이첼이 협의한 모든 사항을 따르고 처리해주겠다고 했습니다. 이처럼 하나님은 가장 적절한 때에 모두가 만족하고 서로에게 도움이 되는 일을 준비해두고 계셨습니다.

프로젝트팀은 보건부에서 지원해준 50여 명의 간호사들과 함께 일했고, 정부에서 제공해준 공무용 차량을 타고 다니면서 연료와 운전기사까지 지원받았습니다. 또한 숙소도 제공받았는데, 어떤 팀원은 정부의 관리가 머무는 숙소에서 머물렀고, 심지어 어떤 팀원은 궁전에서 지냈습니다! 국왕은 관심을 가지고 프로젝트 진행사항을 계속해서 알려 달라고 했습니다.

이 프로젝트는 한 명의 아이에게서 백신 접종 전후로 두 번에 걸쳐 혈액을 채취하는 방식이었기에 면역성을 확실히 확인할 수 있었습니다. 보통 아이를 처음 만나고 수개월 후에 다시 찾아가 만났는데, 그때 팀원들은 큰 충격을 받았습니다. 가난한 지역의 아이들을 찾아갔을 때, 그들이 먹을 것이 없어 굶어 죽었다는 사실을 알았기 때문입니다. 팀원들은 가난과도 맞서 싸우기 위해 자신들이 더 많은 일을 해야 함을 깨달았습니다.

어느덧 현지에서의 모든 프로젝트가 완료되고 연구소 작업도 마무리되었습니다. 하지만 다 끝난 것은 아니었습니다. 지금까지의 연구 결과를 분석하여 보고서를 작성하는 제일 중요한 일이 남아 있었습니다. 대부분 자신의 학업이나 직장으로 빨리 돌아가야 했기에 이제 그들은 하루 종일 보고서 작성에만 매달려 있어야 했습니다. 그리고 그것은 팀원들과 그들의 가족들에게 다양한 형태의 스트레스가 되어 일을 지연시켰습니다. 마치 누군가가 일을 마무리하지 못하도록 방해하는 것 같았습니다.

프로젝트 진행이 힘들어지던 어느 날, 세계보건기구에서 팀원 중 한 명이었던 베리티(가명)가 이 일에 집중할 수 있도록 급여를 지급하겠다고 했습니다. 또한 미국에서 분석가들을 보내 그녀를 돕게 했습니다. '소리 없는 아우성'을 들으며 시작된 이 일이 어느새 전문가, 장관, 국왕 등 모두 함께 결과를 기다리며 국제적 관심을 받는 프로젝트가 되어 있었습니다.

마침내 분석 작업이 모두 끝나 보고서가 완성되었습니다. 보고서는 유니세프, 세계보건기구, 그리고 보건부에 매우 큰 도움을 주었습니다. 대략의 결과는 이러했습니다. 아이들의 면역력은 대체로 좋았으나 유독 A박사가 사는 지역의 아이들의 면역수치는 낮았습니다. 그 이유 또한 밝혔는데 콜드 체인(cold chain), 즉 백신균이 살아 있도록 냉동 보관하는 물류망이 제대로 운용되지 않은 것이 문제였습니다. 백신을 보관할 냉장고가 부족했고 일부는 낡아 잘 작동되지 않았습니다. 바로 그 이유가 A박사가 수많은 아이들을 수술해야 했던 이유였습니다. 돌아보니 너무도 쉽게 개선될 일이었습니다. 프로젝트가 완료되고 다음 해, 그 나라에서 소아마비는 완전히 사라졌습니다! 그들의 '인내'는 오늘날 수천 명의 아이들이 건강하게 뛰어놀 수 있게 해주었습니다.

레이첼과 팀원들, 그리고 관련된 많은 사람들이 하나님의 '카이로스'를 기다렸습니다. 하나님만이 일하시는 그때를 기다렸습니다. 그리고 마침내 카이로스의 때에 하나님은 그분께 믿음으로 자원하여 헌신한 자들에게 한 국왕과 한 장관, 그리고 국제기구의 많은 사람들을 인도해주시고 재정을 부어주셨습니다. 또한 한 외과의사의 부르짖음에 응답하여 주셨습니다.

Chapter 9

신실함

신실하심으로 열방을 구하시다

별, 모래, 아들, 후손
그 복된 소리들이 낯설게 들립니다
소망, 기도, 말씀, 꿈
나의 세상이 새롭게 세워집니다

소망, 내가 찾는 모든 소망에 반하는 한 소망
나는 내가 이루어야 하는 미래를 압니다
약속된 자녀의 아버지
웃음, 구속에서 벗어난, 자유

웃음, 적을 꾸짖는 웃음
왕들의 입을 막습니다
담대하게 열방의 통치를 구합니다
하늘과 합하여 노래합니다

웃음, 물을 포도주로 만드는 웃음
굽은 것을 곧게 하고
깊이 뚫려 상처 입고, 깨지고, 멍들고 죽어
믿음의 우물을 엽니다

웃음, 가둘 수 없는 웃음
큰 바위로도, 무장한 보초병으로도, 어떠한 봉인으로도
새벽 동이 트면 일어납니다
부서지고 깨진 모든 상처를 치유합니다

상처받고 비틀거리고 두려워하는 마음 안에
믿음의 웃음이 찾아올 것입니다
마치 아들들과 딸들처럼, 모래처럼
모든 열방으로부터 그들의 것을 취하며 나옵니다

이 땅에 소망과 치유를 외치라!
그 위대한 계획에 웃음으로 동참하라!
당당히 서서 정복하라!

하나님과 신실함, 이것을 따로 분리하는 일은 불가능합니다.

우리는 미쁨이 없을지라도 주는 항상 미쁘시니(faithful, 신실
한) 자기를 부인하실 수 없으시리라. 딤후 2:13

신실하신 주님은 우리의 반석 되십니다. 우리가 바로 눈앞의
도전들이 아닌 신실하신 주님을 바라볼 때, 믿음이 성장합니다.
그렇다면 어떻게 그분을 바라보아야 할까요? 이제부터 성경에
서 그 방법을 찾아보려 합니다.

먼저 이스라엘 민족을 향한 하나님의 신실하심에 대하여 나
누길 원합니다. 우리는 앞서 1장에서 예수님께서 그분의 신부와
맺으시는 약혼의 언약에 대하여 살펴보았습니다. 예수님은 그
언약을 열두 유대인 제자들과 먼저 맺으셨고, 부활하신 후 제자
들에게 모든 민족에게 복음을 전하라고 명하심으로 그 언약이
유대인뿐 아니라 모든 민족과 맺는 언약임을 분명히 말씀하십니
다. 이후로도 계속 꿈과 환상, 그리고 계시로 말씀하십니다.

오늘날은 상황이 역전되어 이방인들이 복음을 소유하고 있
습니다. 사실 우리 대부분은 하나님의 언약을 받은 최초의 사람
이 누구인지 관심이 없습니다. 심지어 어떤 사람들은 유대인이
예수님을 십자가에 못 박고 "그 피를 우리와 우리 자손에게 돌
릴지어다"(마 27:25)라고 외쳤기에 그분의 죽음에 대한 책임을 유
대인이 담당해야 하며 그 일로 그들은 구원의 권리를 박탈당했
다고 잘못되고 불경건한 가르침을 전하기도 합니다. 안타깝게도

이러한 잘못된 가르침은 홀로코스트(Holocaust, 2차 세계대전 중 나치 독일이 저지른 유대인 대학살)의 기반이 되었습니다. (마틴 루터의 「유대인과 그들의 거짓말에 대하여」를 읽으면 위의 내용을 이해하는데 도움이 됩니다.) 그러나 예수님께서 십자가에서 하신 영광스러운 증언의 말씀은 그분을 십자가에 못 박은 유대인들을 향한 그분의 마음을 잘 나타내고 있습니다.

> 이에 예수께서 이르시되 아버지 저들을 사하여 주옵소서 자기들이 하는 것을 알지 못함이니이다 하시더라. 눅 23:34

신실하신 하나님

하나님은 태초, 곧 창조가 시작된 순간부터 사람이 믿음으로 사는 것에 대하여 생각하셨습니다. 그런데 아담과 하와가 선악을 알게 하는 나무의 열매를 먹음으로써 그들은 믿음의 삶을 거절하고 자신들의 지혜를 따르는 삶을 선택했습니다.

주님은 모든 세대를 거쳐 믿음으로 사는 자들을 찾으십니다. 에녹, 노아, 아브라함에 이르기까지 믿음의 삶을 선택한 자들을 찾아내셨고, 지금도 믿음의 사람들을 찾으셔서 그들과 함께 이 세상을 세워 나가고 계십니다.

아브라함에게 '복음'은 다음과 같이 선포되었습니다.

또 하나님이 이방을 믿음으로 말미암아 의로 정하실 것을 성
경이 미리 알고 먼저 아브라함에게 복음을 전하되 모든 이방
인이 너로 말미암아 복을 받으리라 하였느니라. 갈 3:8

복음은 모든 민족에게 좋은 소식입니다. 하나님의 계획은 한
민족 이스라엘을 택하셔서 그들에게 그분의 성품과 목적을 나타
내시고, 이를 통하여 다른 모든 민족에게도 그분을 아는 복을 주
시는 것입니다. 이스라엘은 그 계획에 대하여 다윗과 솔로몬의
시대가 그러했듯 성공하기도 했고, 이사야가 다음 말씀에서 생
생하게 표현했듯 비참하게 실패하기도 했습니다.

우리가 잉태하고 산고를 당하였을지라도
바람을 낳은 것 같아서
땅에 구원을 베풀지 못하였고
세계의 거민을 출산하지 못하였나이다. 사 26:18

복음이 이스라엘과 모든 민족에게 받아들여지는 가장 확실
하고 유일한 방법은, 아브라함의 후손 중 하나님의 계획 안에 온
전히 살 수 있는 한 사람을 통한 것뿐이었습니다. 즉, 하나님께
서 하나님의 아들이자 사람의 아들로 이 땅에 오셔야 가능한 일
이었습니다.

이 땅에서 예수님의 뿌리는 유다 지파였습니다. 그분은 유대
인으로 태어나 사셨고, 또한 유대인의 법아래 사셨습니다. 하지

만 바리새파의 종교심으로 만들어진 법에 대해서는 완벽하게 자유하셨습니다. 예수님은 그분의 부르심이 이스라엘의 잃어버린 양에게 있음을 분명히 아셨습니다.

나는 이스라엘 집의 잃어버린 양 외에는 다른 데로 보내심을 받지 아니하였노라. 마 15:24

예수님은 유대인으로 사셨고, 또한 유대인으로 돌아가셨습니다. 그분이 부활하시면서 유대인으로서의 정체성을 끊어내셨다고 주장할 만한 어떠한 근거도 없습니다.

그렇다면 하나님의 눈에 이스라엘 민족이 다른 어떤 민족보다 더 뛰어나 보였을까요? 저는 그렇게 생각하지 않습니다. 하지만 분명 이스라엘 민족은 특별한 부르심이 있었습니다. 그것은 바로 이스라엘이 하나님에 의해 '선택' 받았다는 것입니다. 그 선택은 아브라함, 다윗과 같은 그들의 조상들과 하나님께서 맺으신 언약의 성취였습니다. 이사야는 이렇게 말합니다.

네가 나의 종이 되어 야곱의 지파들을 일으키며 이스라엘 중에 보전된 자를 돌아오게 할 것은 매우 쉬운 일이라 내가 또 너를 이방의 빛으로 삼아 나의 구원을 베풀어서 땅 끝까지 이르게 하리라. 사 49:6

이스라엘 민족은 (하나님의 신실함을 나타낼) '이방의 빛'으로 부름 받았습니다. 물론 그 부르심을 아직 다 완수하지 못했지만 "하나님의 은사와 부르심에는 후회하심이 없느니라"(롬 11:29)는 말씀처럼 하나님은 그분의 부르심을 결코 돌이키지 않으실 것입니다.

민주주의 국가들은 대부분 법치 국가이며 십계명은 모든 법의 기초가 됩니다. 하나님은 이스라엘 민족에게 제일 처음 십계명을 주셨고, 오늘날의 그리스도인이 누리는 모든 언약도 이스라엘 민족에게 제일 처음 주셨습니다. 하나님께서 이스라엘과 맺은 언약에는 공통된 줄기가 있는데 그것은 바로 '자손'과 '땅'에 대한 것입니다.

> 그를 이끌고 밖으로 나가 이르시되 하늘을 우러러 뭇별을 셀
> 수 있나 보라 또 그에게 이르시되 네 자손이 이와 같으리라 …
> 그 날에 여호와께서 아브람과 더불어 언약을 세워 이르시되
> 내가 이 땅을 애굽 강에서부터 그 큰 강 유브라데까지 네 자손
> 에게 주노니 곧 겐 족속과 그니스 족속과 갓몬 족속과 헷 족속
> 과 브리스 족속과 르바 족속과. 창 15:5,18-20

이 말씀은 아브라함과 맺으신 하나님의 언약으로, 주님이 인도하여 주실 땅이 어디인지 매우 구체적으로 나옵니다.

> 이 땅에 거류하면 내가 너와 함께 있어 네게 복을 주고 내가
> 이 모든 땅을 너와 네 자손에게 주리라 내가 네 아버지 아브라

함에게 맹세한 것을 이루어 네 자손을 하늘의 별과 같이 번성하게 하며 이 모든 땅을 네 자손에게 주리니 네 자손으로 말미암아 천하 만민이 복을 받으리라. 창 26:3-4

하나님은 이삭에게도 그의 아버지 아브라함과 맺은 언약을 확인시켜 주시며 그의 자손이 모든 민족의 복이 되리라고 말씀하십니다. 또한 속이는 자 야곱에게도 같은 약속의 말씀을 하십니다(창 28:13-14). 물론 언약은 그것을 받는 사람의 선한 행위로 인하여 주어지는 것이 아닙니다.

또 본즉 여호와께서 그 위에 서서 이르시되 나는 여호와니 너의 조부 아브라함의 하나님이요 이삭의 하나님이라 네가 누워있는 땅을 내가 너와 네 자손에게 주리니 네 자손이 땅의 티끌 같이 되어 네가 서쪽과 동쪽과 북쪽과 남쪽으로 퍼져나갈지며 땅의 모든 족속이 너와 네 자손으로 말미암아 복을 받으리라. 창 28:13-14

무조건적인 언약

창세기 15장을 보면 하나님께서 아브람과 언약을 맺으시는 최초의 의식이 아주 구체적으로 나옵니다. 하나님은 아브람을 깊이 잠들게 하시고 장래에 일어날 일을 말씀하십니다. 그 내용은 그의 자손이 400년 동안 이방의 종이 되어 살다가 큰 재물을 가지고 그곳을 나올 것이라는 내용이었습니다. 하나님은 이미 그들에게 일어날 모든 일과 그들이 저지를 모든 죄를 알고 계셨습니다. 여기서 우리는 하나님의 언약은 인간이 범한 죄의 결과로부터 그들을 보호해주지 않는다는 것을 알아야 합니다. 그러나 어떠한 죄도 언약의 성취를 막을 수는 없습니다.

하나님은 아브람과 언약을 맺는 의식을 행하시기 위하여 그에게 짐승들을 준비해두라고 명하셨고, 아브람은 짐승들을 가져다가 그 중간을 쪼개어 서로 마주보게 차려 놓았습니다. 당시 언약을 맺는 양쪽의 당사자는 짐승을 쪼개어 갈라놓고 그 사이를 8자 모양으로 걸어 지나가는 의식을 행했습니다. 여기서 '8'은 새로운 시작과 관련이 있는 숫자입니다. 상징적으로는 "내가 이 언약을 어기면 이 제물과 같이 쪼개어 베어질 수 있다"라는 의미를 담고 있습니다.

보통 언약은 쌍방이 모두 맹세함으로써 이뤄지지만 하나님의 언약은 그렇지 않았습니다. 하나님은 언약한 인간에게 언약을 지키도록 강제하지 않으십니다. 하나님은 "해가 져서 어두울 때에 연기 나는 화로가 보이며 타는 횃불이 쪼갠 고기 사이로 지나더라"(창 15:17)는 말씀에서 알 수 있듯 '연기 나는 화로'와 '타는 횃불'과 같은 모습으로 쪼갠 고기 사이로 지나가십니다. 나일 강에서부터 유프라테스 강에 이르는 땅을 주시겠다는 언약에 대하여 아무 조건 없음을 그분 자신이 직접 지나가심으로써 공표하십니다. 만일 이 언약을 어기신다면 주가 쪼개어질(cut) 것이고, 아브라함의 자손이 그 땅을 차지하지 않고 이행조건을 파기하더라도 주가 쪼개어질 것입니다.

놀랍게도 이 의식은 십자가의 예표였습니다. 죄 가운데 잠들어 있는 우리는 우리 힘으로 약속의 땅을 차지할 수 없기에 예수님께서 친히 우리의 언약이 되어 주셨습니다. 예수님은 순종과 희생을 통하여 '하나님의 아들'로서 하나님의 몫을 성취하셨고, '사람의 아들'로서 우리의 몫을 성취하셨습니다. 우리로 유업을 상속받게 하시려고 그분 스스로 쪼개어지셨습니다.

우리는 앞에서 유업에는 항상 자손과 땅이 포함되어 있다고 나누었습니다. 이제는 십자가로 말미암아 그 유업의 자손에 우리뿐 아니라 우리의 간증과 사랑으로 구원받은 사람들까지 모두 포함되었습니다. 유업의 땅에는 우리가 주께 순종함으로써 되찾는 집, 거리, 도시 등 물리적 땅에서부터 민족까지 모두 포함되었습니다.

우리 하나님은 얼마나 신실하신지요! 그분은 우리가 신실하지 않을 때에도 여전히 신실하십니다. 죄는 계속해서 우리에게 영향을 끼치지만, 언제라도 십자가 언약으로 들어가면 그곳에는 항상 대속하심이 있습니다. 예수님은 언약을 확증하시기 위하여 십자가에 달려 돌아가셨습니다. 그것이 바로 주님이 우리를 위하여 싸우시는 방식입니다!

물론 이스라엘이 그러했듯이 우리도 십자가를 통하여 허락하신 유업을 항상 취하는 것은 아닙니다. 주께서 값없이 주신 모든 것을 무조건 다 받는 것은 아닙니다. 이는 우리에게 주어진 자유의지에 기인한 것입니다.

옛 본성 베어내기

창세기 17장에서 하나님은 아브람과 사래에게 새 이름(아브라함, 사라)을 주십니다. 모든 민족의 아비와 어미가 되는 진정한 사명이 담긴 새 이름입니다. 이제 그들은 '옛 본성'을 거부하고 나아가야 했습니다. 사실 16장에서 아브람과 사래는 하나님의 언약을 자신들의 방법과 힘으로 성취하려 했고, 그 결과 이스마엘을 낳았습니다. 그들 안에 그렇게 하도록 이끈 것은 옛 본성이었습니다.

> 너희 중 남자는 다 할례를 받으라 이것이 나와 너희와 너희 후손 사이에 지킬 내 언약이니라 너희는 포피를 베어라 이것이 나와 너희 사이의 언약의 표징이니라. 창 17:10-11

하나님은 아브라함에게 "남자는 다 자신의 포피를 베어내라"고, 즉 할례를 받으라고 명령하십니다. 할례는 전능하신 하나님과의 언약을 위하여 자발적 의지로 자신의 포피를 스스로 베어내는 것(cutting)입니다. 여기서 하나님이 진정 원하시는 할례는 단지 육체의 포피만 베어내는 것이 아닌 마음에 할례를 행하는 것입니다. 그리스도 안에 새로운 정체성으로 살아가길 원한다면, 그리고 언약의 충만함으로 들어가길 원한다면, 우리는 우리의 옛 본성을 베어내야 합니다. 하나님의 영이 우리 안에 새로운 마음을 창조하시도록 해야 합니다. 그것이 우리의 신실하신(Faithful) 하나님을 향한 우리의 믿음(Faith)의 반응입니다.

예수님을 구주로 영접하면 개인적으로든 민족적으로든 모두 한 아버지를 모십니다. 그래서 이스라엘은 우리의 형제입니다. 하나님은 이스라엘 민족에게 신실하셨듯 우리에게도 신실하시며 아브라함에게 신실하셨듯 우리에게도 신실하십니다.

하나님은 이스라엘에게 특별한 땅을 주신 것처럼 각 민족에게도 그렇게 하십니다.

> 인류의 모든 족속을 한 혈통으로 만드사 온 땅에 살게 하시고 그들의 연대를 정하시며 거주의 경계를 한정하셨으니 이는 사람으로 혹 하나님을 더듬어 찾아 발견하게 하려 하심이로되 그는 우리 각 사람에게서 멀리 계시지 아니하도다. 행 17:26-27

사도행전 말씀은 "사람으로 혹 하나님을 더듬어 찾아 발견하게"(행 17:27) 되는 시기와 장소가 있다고 말합니다. 그래서 인간의 탐욕을 먹고 사는 사탄은 우리가 하나님을 찾아 발견하는 것을 막으려고 계속해서 전쟁을 일으킵니다.

하나님께서는 이스라엘에게 특별한 소명과 고유한 강점을 주신 것처럼 각 민족에게도 그렇게 하십니다. (고정관념은 좋지 않지만) 성경을 보면 다윗을 왕으로 세울 때, 이스라엘 각 지파의 고유한 강점이 나오는데(대상 12:23-27) 주님은 이처럼 각 민족마다 강점을 주시고 이를 발견하는 것은 매우 흥미로운 일입니다.

저는 많은 한국인들과 사역하면서 그들이 끈기 있게 기도하는 것을 보았고, 그들의 기도를 통하여 많은 축복을 누렸습니다. 또한 많은 이집트인들과 사역할 때는 그들에게 주의 사랑에 대한 깊은 계시가 있음을 보았습니다. 아마도 그것은 초기 사막교부들로부터 받은 유업일 것입니다.

중앙아프리카공화국에서 사역하는 동역자들은 거기서 죽은 자가 다시 살아나는 일 등 매우 놀라운 기적들을 보았습니다. 또한 저는 복음을 들고 실크로드부터 예루살렘까지 들어가는 일에 부름을 받았다는 중국의 교회 지도자들을 보았습니다.

우리는 누구든지 은사를 받을 수 있습니다. 어디에 있든 어느 국적이든 상관없이 주의 부르심을 받을 수 있습니다. 그런데 저는 큰 그림을 보는 것이 때론 도움이 된다고 생각합니다. 주님은 우리 각자가 행할 선한 일과(엡 2:10), 각 민족의 교회가 행할 선한 일을 예비해두셨습니다. 그러므로 우리가 그 예비하신 선한 일을 이해하기 시작한다면, 기도의 강력한 방향을 제공받는 것입니다. 만약 각 나라의 교회지도자들이 자신들의 나라를 향한 부르심을 알고 서로 나눈다면, 얼마나 놀라운 연합을 이루게 될까요! 열방의 지도자들이 만나 서로의 강점과 자원을 나눈다면, 얼마나 빨리 하나님의 왕국이 이 땅에 임하게 될까요!

우리는 그가 만드신 바라 그리스도 예수 안에서 선한 일을 위

하여 지으심을 받은 자니 이 일은 하나님이 전에 예비하사 우
리로 그 가운데서 행하게 하려 하심이니라. 엡 2:10

온전한 구원

이 세상에서 '구원'의 정의를 완벽하게 내리기는 쉽지 않습니
다. 하지만 구원에 대하여 가능한 한 많이 탐구하고 경험하는 일
은 우리가 풍성한 결실을 맺도록 인도해줍니다. 구원을 말할 때,
예수님이 우리 죄로 인해 돌아가시고 부활하신 것을 믿는 믿음
이 가장 기본입니다. 그것이 바로 영광스러운 진리입니다. 그러
나 이는 구원의 출발점에 지나지 않습니다. 예수님은 '세상의 생
명'을 위하여 자기 생명을 내어주신다고 말씀하셨습니다. 그보
다 더 작은 것을 주는 것이 아니라고 하셨습니다. 예수님은 영원
하고 온전한 생명을 주시기 위하여 이 땅에 오셨습니다.

내가 줄 떡은 곧 세상의 생명을 위한 내 살이니라 하시니라.
요 6:51

예수님은 제자들에게 그분이 행하신 일, 심지어 그보다 더 위
대한 일을 그들이 하게 될 것이라고 말씀하십니다.

내가 진실로 진실로 너희에게 이르노니 나를 믿는 자는 내가

하는 일을 그도 할 것이요 또한 그보다 큰일도 하리니 이는 내가 아버지께로 감이라. 요 14:12

세대를 통틀어 수많은 믿음의 사람들이 남긴 증거가 있습니다. 그것은 신실하신 하나님의 신실한 용사가 되는 일입니다. 이제 우리에게 주어진 도전은 구원을 탐구하고 그 안에서 충만하게 살아가며 복음을 붙잡는 것입니다. 그 복음 안에는 열방을 위한 복음의 씨가 들어 있습니다. 아브라함의 자손이 받은 언약과 동일한 언약을 받은 우리는 '세상의 상속자'입니다.

아브라함이나 그 후손에게 세상의 상속자가 되리라고 하신 언약은 율법으로 말미암은 것이 아니요 오직 믿음의 의로 말미암은 것이니라. 롬 4:13

로마서 말씀은 에덴동산의 약속이 회복되었음을 의미합니다. 믿음은 모든 민족에게 축복을 주는 열쇠입니다. 그 열쇠는 좋은 정부나 경제 발전이 아닌 바로 우리의 '믿음'입니다. 우리는 믿음으로 주님이 주신 유업을 발견할 수 있습니다. 놀랍게도 성경은 믿음(Faith)이 바람(hope)과 함께 시작된다고 말합니다.

믿음은 바라는(hoped) 것들의 실상이요 보이지 않는 것들의 증거니. 히 11:1

당신 자신과 가족, 지역사회, 민족을 향한 당신의 바람은 무엇인가요? 주님의 임재 가운데 잉태되는 그 바람이 바로 믿음으로 씨를 뿌리는 기도입니다.

대체 불가능

언약 안에 있는 교회가 이스라엘을 '대체'한다는 가르침이 있습니다. 그 가르침은 육체의 계보를 따라 아브라함의 자손이 되는 것이 아닌, 믿음을 따라 아브라함의 자손이 되는 것이므로 하나님의 언약은 이제 한낱 육체의 자손을 위해서만 존재하는 것이 아니라는 주장입니다.

하지만 사도 바울은 로마교회에 보낸 편지에서 다음과 같이 강조하고 있습니다.

> 그러므로 내가 말하노니 하나님이 자기 백성을 버리셨느냐 그럴 수 없느니라 나도 이스라엘인이요 아브라함의 씨에서 난 자요 베냐민 지파라 하나님이 그 미리 아신 자기 백성을 버리지 아니하셨나니. 로마서 11:1-2

하나님께서 한 사람과 언약을 세우셨다가 어떠한 이유로 그것을 다른 대상으로 '대체'해버리신다면, 그것은 우리에게 불안 요소를 남기는 것입니다. 우리 주님은 신실하거나 신실하지 않거나 둘 중 하나이셔야만 합니다. 신실하신 우리 하나님은 결코 대체하지 않으십니다. 도리어 포함하여 더하십니다. 그분의 본성을 따라 사랑을 더하십니다.

> 그러므로 내가 말하노니 그들이 넘어지기까지 실족하였느냐 그럴 수 없느니라 그들이 넘어짐으로 구원이 이방인에게 이르러 이스라엘로 시기나게 함이니라 그들의 넘어짐이 세상의 풍성함이 되며 그들의 실패가 이방인의 풍성함이 되거든 하물며 그들의 충만함이리요. 롬 11:11-12

하나님은 열방의 구원을 위한 그분의 계획을 늘 성취해오셨습니다. 긍휼이 많으신 하나님은 이스라엘이 그분을 버릴 때에 그들을 포기하지 않으셨고, 유대인들 역시 열방으로 흩어져 박해를 받을 때에 하나님의 유업을 잘 지켰습니다. 어떤 상황에서도 언약이 담긴 토라(모세오경)를 지킨 그루터기와 같이 남겨진 자들이 항상 있었습니다.

1948년, 하나님은 역사상 전례에 없는 놀라운 일을 행하셨습니다. 2천년이 지나기까지 잘 알려지지도 않은 이스라엘을 약속의 땅으로 다시 데려가신 것입니다. 이 글을 쓰고 있는 지금, 이스라엘은 국가 재건 70주년을 기념하고 있습니다. 오늘날 우리는 메시아닉 쥬(Messianic Jew), 즉 예수님을 믿는 유대인들의 수가 이전보다 훨씬 더 많아졌음을 목격하고 있습니다.

이 놀라운 사실이 이스라엘이 거룩한 민족임을 의미하는 것인가요? 아닙니다. 그들의 모든 행위가 주님을 기쁘시게 한다는 것을 의미하는 것인가요? 절대 아닙니다! 그렇다면 하나님은 이스라엘 민족만큼 팔레스타인은 사랑하지 않으신다는 것을 의미하는 것인가요? 이것도 아닙니다! 그것의 진정한 의미는 '우리 하나님은 신실하시다'라는 것입니다. 또한 '모든 민족을 향한 계획을 가지고 계신다'는 것입니다.

하나님은 이스라엘과 마찬가지로 팔레스타인을 위한 유업도 가지고 계십니다. 그분께는 각 민족마다 정해주신 땅과 백성이 있습니다. 이는 그들을 향하여 마음을 움직이시고 축복하시기 위함입니다. 주님은 폭탄테러로 죽어가는 이스라엘인들을 향하여 마음 아파하시고, 이와 동시에 고통 가운데 있는 서안지구와 가자지구의 팔레스타인들을 향해서도 동일하게 아파하십니다.

모든 민족이 만나는 세계의 교차로인 중동 사람들의 뿌리를 찾으면 '뒤섞여' 있다는 것을 알 수 있습니다. 팔레스타인 중 누군가의 조상은 유대인일 수 있습니다. 오늘날 우리가 유대인이라고 부르는 사람들은 주로 베냐민 지파와 유다 지파 사람들이고, 나머지 열 지파는 어디에 있는가에 대한 많은 이론들이 있습니다. 그리고 요즘 그 이론들이 DNA 증거로 새롭게 입증되고 있습니다.

우리는 하나님께서 이스마엘과 그의 자손들에게도 축복하셨다는 것을 절대로 잊어서는 안 됩니다. 만약 그들을 향한 계획이 없으셨다면 축복도 하지 않으셨을 것입니다. 우리는 항상 주님의 열망을 기억해야 합니다. 그것은 모든 사람이 구원을 받는 것입니다.

주님은 모든 민족이 그분을 알 수 있도록 한 민족을 택하시고 그들을 통하여 그분의 목적을 나타내셨습니다. 그러므로 이스라엘 민족은 모든 민족에게 복입니다. 우리는 수천 년 동안 구원의 말씀을 잘 간직해온 그들에게 빚을 지고 있습니다.

> 그들은 이스라엘 사람이라 그들에게는 양자 됨과 영광과 언약들과 율법을 세우신 것과 예배와 약속들이 있고 조상들도 그들의 것이요 육신으로 하면 그리스도가 그들에게서 나셨으니 그는 만물 위에 계셔서 세세에 찬양을 받으실 하나님이시니라 아멘. 롬 9:4-5

마지막 때

중동은 극단주의와 전쟁으로 인해 늘 일촉즉발의 상황에 놓여 있습니다. 이스라엘도 국가가 재건된 이후 줄곧 물리적 충돌의 중심에 있습니다. 이는 자연발생적 사건 이상을 의미합니다. 성경은 여러 예언자를 통하여 최후의 전쟁이 중동과 이스라엘 사이에서 시작될 것이라고 말합니다(겔 38-39장 ; 슥 14장 ; 계 20:7-10). 예수님께서도 재건된 성전에 서게 될 적그리스도, 가증한 것에 대하여 경고하셨습니다. 이는 마지막 성전이 파괴된 주후 70년에 부분적으로 성취되었지만 최종적인 적그리스도를 가리키기도 합니다.

> 그러므로 너희가 선지자 다니엘이 말한바 멸망의 가증한 것
> 이 거룩한 곳에 선 것을 보거든 (읽는 자는 깨달을진저) 그 때
> 에 유대에 있는 자들은 산으로 도망할지어다 지붕 위에 있는
> 자는 집 안에 있는 물건을 가지러 내려가지 말며 밭에 있는 자
> 는 겉옷을 가지러 뒤로 돌이키지 말지어다 그 날에는 아이 밴
> 자들과 젖 먹이는 자들에게 화가 있으리로다 너희가 도망하
> 는 일이 겨울에나 안식일에 되지 않도록 기도하라 이는 그 때
> 에 큰 환난이 있겠음이라 창세로부터 지금까지 이런 환난이
> 없었고 후에도 없으리라. 마 24:15-21

반유대주의는 길고도 비열한 역사를 가지고 있습니다. 스가
랴서 14장에는 마지막 날에 이방 나라들이 예루살렘에 대항한다
고 나옵니다. 또한 예수님이 감람산에 재림하시고, 초막절(장막절)
을 지키러 예루살렘에 올라오지 않는 나라를 심판하신다는 내용
이 나옵니다. 초막절은 유대력의 마지막 절기로 추수를 마치고
풍성한 결실을 기뻐하는 절기입니다. 즉, 14장 말씀은 영혼 추수
에 관한 예언을 담고 있습니다.

마지막 때는 '분쟁의 날'입니다. 각 개인마다 민족마다 누구
를 따를지 결정하는 날입니다. 엄청난 멸망과 엄청난 구원이 임
하는 날입니다. 그때 이스라엘을 향한 우리의 태도는 모든 사건
의 중심에 놓여질 것입니다.

물론 이스라엘이 모든 민족 가운데 '최고'는 아닙니다. 하지만 간단히 설명하면 하나님께서 아브라함 안에서 믿음을 발견하셨기에 이스라엘 민족이 '첫 번째'입니다. 만일 주님이 택하신 이스라엘을 버리신다면 우리도 버리실 수 있습니다. 그러나 우리 하나님은 신실하시고, 신실하신 그분은 우리에게 그분의 택하심을 인정하라고 말씀하십니다. 사실 가장 놀라운 것은 주님이 우리를 선택하셨다는 사실입니다!

믿음은 하나님이 얼마나 신실하신가를 깨닫는 순간에 찾아옵니다. 하나님은 우리의 반석이시며 우리는 그 반석 위에 믿음으로 서야 합니다.

아랍인과 유대인이 함께

저는 스무 살 때에 예수님을 만났습니다. 그리고 몇 달이 지나지 않아 제 마음에 아랍인들을 향한 마음이 부어졌습니다. 그때 이스라엘은 제 레이더 안, 그 어디에도 잡히지 않았습니다.

그로부터 몇 년 후 아랍 국가에서 지낼 때, 저는 이스라엘에 대한 하나님의 신실하심이 나타나는 말씀들이 제 안에서 부딪치고 있다는 것을 느꼈습니다. 저는 선교단체 리더에게 그것에 대해 솔직히 나누었고, 이후 리더는 제게 그의 친구인 랜스 램버트(Lance Lambert)가 만든 카세트테이프를 하나 가져다주었습니다. 그는 예루살렘에 사는 메시아닉 쥬로 매달 중동의 상황을 나누며 성경의 예언의 말씀을 설명하거나 기도를 권하는 카세트테이프를 제작하여 전하고 있었습니다.

카세트테이프를 받은 바로 그날, 제게 에베소서 2장 14절 말씀이 열리면서 (지금도 계속 품고 있는) 한 소망이 생겼습니다. 그 소망은 이스라엘과 아랍의 성도들이 복음을 들고 이스라엘에서 열방까지 나아가게 될 것이라는 것입니다.

그는 우리의 화평이신지라 둘로 하나를 만드사 원수 된 것 곧
중간에 막힌 담을 자기 육체로 허시고. 엡 2:14

1989년, 저는 주님이 이스라엘로 자신을 부르신다고 느끼는 동료 팜(Pam)과 함께 이스라엘을 여행했습니다. 팜은 성령의 인도하심을 따라 갈멜산에 세워진 하이파(Haifa)라는 지역에 이끌렸고, 저희는 대부분 그 도시에서 지냈습니다.

당시 그곳에 있는 성도들과 대화하면, 그들은 저희에게 유대인과 아랍인 중 어느 쪽과 함께 일할지 선택해야 한다고 말했습니다. 감사히 오늘날은 그러한 선택을 하지 않아도 됩니다. 많은 유대인과 아랍인 사역자들이 복음을 위해 함께 서 있기 때문입니다.

저희는 어느 기독교 단체의 건물에 머무르고 있었는데, 그 단체는 건물 팔 곳을 찾고 있었습니다. 저희는 건물 설계도를 구해 놓고 "주님, 저희가 이곳에서 주의 일을 하길 원하시나요?"라고 물으며 기도하기 시작했고, 주님은 이스라엘에 많은 기독교 단

체들이 들어와 '그들의 깃발을 꽂기'를 원하신다고 응답해주셨습니다. 하지만 저희가 직접 그 일을 하는 것을 원치 않으셨고, 다만 앞으로 다가올 새 일을 위하여 계속 기도하게 하셨습니다.

주님은 다가올 새 일이 '엘리야의 심령과 능력'(눅 1:17)을 갖추는 일, '거룩'을 위하여 타협하지 않고 서 있어야 하는 일, '유대인과 아랍인' 모두를 위한 일이라고 말씀해주셨습니다. 그리고 특별히 제게는 세례 요한처럼(눅 1:15) 술을 마시지 말라고 명하셨습니다. 저희는 주님이 오실 길을 예비하는 그 일을 위하여 간절히 기도했습니다.

이후 저희는 갈멜산 꼭대기에 세워진 스텔라 카르멜(Stella Carmel)이라는 기독교 게스트하우스에서 하룻밤을 보냈습니다. 그곳에 머무는 동안 주님의 음성이 더욱 분명히 들렸습니다. 주님은 게스트하우스 주위를 둘러싸고 있는 마른 땅에서 양귀비 꽃 한 송이가 자라는 모습을 보여 주시며 그곳에 유대인과 아랍인이 함께 예배하는 주의 교회가 세워질 것이라고 말씀하셨습니다.

그러고 나서 1년 후, 저희는 처음 방문했던 건물을 다시 찾았습니다. 건물은 어느 스위스 단체의 소유였고, 그 단체는 기독교나 메시아닉 사역자들에게 건물을 임대할 계획을 가지고 있었습니다. 그때 저희는 뉴욕에서 막 알리야(aliyah: '올라간다'라는 뜻의 히브리어로 열방에 흩어진 유대인들이 이스라엘 땅으로 다시 돌아오는 것을 의미함)한 부부를 만났습니다. 그들은 데이비드 데이비스(David Davis)와 카렌 데이비스(Karen Davis)로, 데이비드 윌커슨(David Wilkerson) 목사님이 사역하시는 타임스퀘어교회(Times Square Church)에서 파송을 받아 '거룩'이라는 주제로 성경공부를 막 시작하고 있었습니다. 유대인들과 아랍인들을 대상으로 말입니다!

특별히 그들 부부는 유대인과 아랍인 남성을 대상으로 사회복귀 재활사역을 시작할 장소를 찾고 있었는데, 놀랍게도 저희가 도착한 날이 그들 부부가 스위스 단체와 건물 임대를 두고 인터뷰하는 날이었습니다.

저희는 그들의 사역 이야기를 들으며 저희가 지금까지 기다려온 일임을 깨달았고, 그들이 인터뷰하는 동안 계속해서 기도로 지원했습니다. 그들은 마침내 그곳에 유대인과 아랍인 알코올 중독자와 마약 중독자들을 위한 재활센터 '승리의 집'(Beit Nitzacon, 베이트 니짜콘)을 세웠습니다! 주께서 제게 술을 마시지 말라 하신 명령의 의미를 깨닫는 순간이었습니다.

그로부터 며칠 후, 주님은 저희에게 하이파 중심부에 있는 제3의 건물을 보여 주시며 그곳이 열방과 관련 있다고 말씀하셨습니다. 저희는 하이파가 지리적으로도, 영적으로도 관문도시임이 매우 강하게 느꼈습니다. 그때부터 저희는 대부분의 시간을 항구의 정문에 서서 "주께서 이곳을 통해 부르시고, 또한 다시 보내실 모두에게 이 문이 열려 있다"라고 선포하며 지냈습니다. 이후 많은 러시아 유대인들이 그 문을 통하여 이스라엘로 왔고, 이사야의 예언처럼 새로운 메시아닉 쥬와 그리스도를 믿는 아랍인들이 복음과 함께 '하나의 새로운 사람'으로 연합하여 보내심을 받기 시작했습니다.

그 날에 이스라엘이 애굽 및 앗수르와 더불어 셋이 세계 중에
복이 되리니. 사 19:24

오늘날

지금 데이비드 데이비스는 하나님의 품에 안겨 있습니다. 그
러나 그들 부부가 세운 사역은 지금도 여전히 주가 지명하신 세
곳에서 성장하고 있고, 팜도 15년간 그곳에서 함께 사역하고 있
습니다. 그들은 주께서 저희에게 말씀하신 갈멜산 꼭대기에 교
회(Kehilat HaCarmel, 케힐라트 하카멜)를 세웠습니다. 그곳에 엘리야가
열두 개의 돌로 무너진 여호와의 제단을 수축한 것을 상징하는
건물을 세워 갈멜산 가장 높은 곳에서 유대인, 아랍인, 그리고
이방인이 모여 '한 새사람'(one new man)의 살아 있는 돌로 이스라
엘의 연합을 선포하고 있습니다.

또한 '승리의 집'은 이스라엘에서 가장 성공적인 재활프로
그램을 운영하는 시설 중 하나가 되어 그곳을 찾는 많은 유대
인들과 아랍인들을 변화시키고 있습니다. 그리고 주께서 인도
하셨던 세 번째 건물인 베이트 예디디아(Beit Yedidia: House of God's
Friend) 역시 단체가 숙박 가능한 콘퍼런스 센터로 사용되고 있습
니다. 이 외에도 그들은 열방을 위한 사역자학교, 도움이 필요한
이들에게 음식과 옷을 전하는 긍휼사역, 여성들과 아이들을 위
한 보호소 사역 등을 하고 있습니다.

    우리 하나님이 신실하신 분이기에 우리 역시 신실한 용사가
될 수 있습니다. 이스라엘은 '전쟁의 열쇠'를 가지고 있습니다.
저는 유대인과 아랍인의 연합이 마지막 때에 권능으로 뻗어 나
갈 복음을 위해 절대적이고 필수적인 일이라 믿습니다.

Chapter 10

항복함

맹렬한 사랑에 항복하다

주위를 둘러봅니다
올라야 할 산, 기어올라야 할 가파른 절벽, 헤엄쳐야 할 바다
나의 사랑, 나의 가치를 증명하기 위한 증서
오, 나의 왕을 기쁘게 해드리길 소원합니다

나는 그 필요를 봅니다
그 부르짖음, 고통, 그리고 나의 심장의 신음소리와 불타는 열의
성공을 위한 사람들의 세계
깨어진 자국, 그가 나를 치유할 수 있습니다

절박함이 나의 영혼을 채웁니다
주여, 나를 취하셔서 당신의 계획을 보여 주소서!
그러자 비전이 내가 걸어가야 할 그 길을 불붙게 합니다
나는 마치 연인들이 서로를 따라가듯 따라갑니다

그런데 따라가던 그 길이 무언가에 의해 갈라집니다
그 갈림길에서 나의 머릿속은 혼돈과 고통으로 가득해집니다
흙으로 만들어진 나, 나는 본연에 나의 모든 것을 들어내어
알려지지 않은 그 깊은 심연을 드러내는 위대한 언설

낯선, 친절한 그 빛을 지금 깨닫게 됩니다
전에는 볼 수 없었던
그 목적지는 내가 상정했던 것과 다릅니다
내가 느끼는 실패는 인도하는 문이 됩니다

그분만 만족하신다면
성공과 실패가 무엇이 중요할까요?
그 끝에 있는 확실한 것은 나의 작은 부분이 되고
질그릇 안에 담긴 것은 그분의 보물이 됩니다

지금까지 우리는 주님과의 친밀함과 영적 전쟁에 대하여 나누면서 여기까지 달려왔습니다. 그런데 이 책의 마지막 주제가 '항복'이라니, 뭔가 잘못된 것 같습니다. 하지만 항복이야말로 사랑하는 용사이신 주님의 승리를 위해 우리에게 주어진 열쇠입니다. 주께 항복함이 우리에게 주어진 결정적 무기입니다.

우리는 항복을 결단해야 합니다! 그러나 쉽게 항복하지 못하는 이유는, 우리의 타락한 본성이 '자기 보호 본능'을 가지고 있기 때문입니다. 죄인인 우리는 하나님의 본성(nature)에 이끌려 그분 안에 거하기로 선택하기까지 십자가를 회피할 것입니다.

서구 기독교는 전 세계에 '성공 주도적'이라는 개념을 전파했습니다. 우리는 그때부터 성공과 성과만 바라며 자기 자신과 서로를 압박하기 시작했고, 그 압박은 부지불식간에 죄책감과 절대 성공할 수 없다는 깊은 패배감을 주었습니다. 뿐만 아니라 남들이 나를 어떻게 생각하는지에 대한 두려움에 빠져 스트레스, 우울, 그리고 남을 속이는 행동 등으로 변형되어 나타나기 시작했습니다. 우리가 진짜 관심을 가져야 할 것은 '주님이 나를 어떻게 생각하느냐'인데, 우리는 그것을 사람들이 나를 어떻게 생각하는지에 대한 것으로 바꾸고 말았습니다. 그래서 지금 우리의 진짜 정체성이 공격을 받고 있습니다.

우리 주님은 세상에서는 실패가 당연해 보이는 방법으로 승리를 이루어 가십니다. 땅에 떨어져 죽는 밀알(요 12:24)은 세상에서 결코 찬사를 받지 못합니다. 하지만 주의 생명이 담겨 있기에 세 배 혹은 삼십 배 배가되어 자랍니다.

하나님은 우리가 세상에 존재하는 모든 두려움으로부터 자유해지길 원하십니다. 평소 감지조차 되지 않는 작은 두려움이라 할지라도 언제든 영향력을 가지고 우리를 흔들 수 있기에 우리가 가질 수 있는 모든 두려움에서부터 자유해지길 원하십니다. 두려움으로부터 자유해지는 유일한 방법은 '기꺼이 자원하여 주께 항복하는 것'입니다. 주님은 우리를 위해 가장 선한 뜻을 가지고 계신 분입니다. 우리가 항복할 때, 그분은 우리의 선한 뜻이 되어 주실 것입니다.

주를 두려워하고 경외하는 삶을 살아갈 때에 깨닫는 가장 놀라운 점은, 그 경외심이 주를 더욱 깊이 사랑하도록 이끈다는 사실입니다. 우리 주님은 힘과 권력을 휘둘러 압력을 행사하는 '작업반장'이 아니십니다. 세상은 결과만을 요구하고 결과에 쉽게 만족하지 않으며 더 힘들고 더 많은 성과를 내는 일을 계속해서 시킵니다. 그러나 우리 주님은 그렇지 않으십니다. 사랑의 주님은 성과를 요구하지 않으시고 그분의 자녀들이 자원하여 기쁘게 순종하길 원하십니다. 그래서 순종은 더 큰 자유를 향해 나아가도록 우리를 인도합니다. 주님은 우리가 누구인지 정확히 아시고 무엇을 원하고 무엇으로 만족해하는지 가장 잘 아시는 분이기 때문입니다.

저는 지금까지 살아오면서 항복에 관한 두 가지를 발견했는데 그것은 첫째, 진정한 항복은 '단계적'으로 이루어지며 둘째, 완전히 이루어지지 않는다는 점입니다. 예수님을 처음 만났을때, 저는 기꺼이 제 모든 주도권과 권한을 주께 드리고 항복했습니다. 하지만 주님을 알면 알수록 제가 얼마나 이기적인지를, 주님의 영원한 사랑을 경험하면 할수록 제 사랑이 얼마나 조건적인지를 깨달았습니다.

저는 이 책의 마지막 장을 읽는 당신이 자원하여 주께 항복하기를 소망합니다. 항복함으로써 그분의 아름다운 본성을 경험하기를 바랍니다. 지금 이 순간 우리의 시선을 주께 고정하면, 그 자체만으로도 더 깊은 항복으로 나아가게 될 것입니다. 항복함으로 우리 자신을 주께 내어드리게 될 것입니다.

어린양 예수

예수님은 하나님의 어린양이십니다. 그분은 하늘 보좌에서 '상처 입은 어린양'으로 온 우주를 다스리고 계십니다.

> 내가 또 보니 보좌와 네 생물과 장로들 사이에 한 어린양이 서 있는데 일찍이 죽임을 당한 것 같더라 그에게 일곱 뿔과 일곱 눈이 있으니 이 눈들은 온 땅에 보내심을 받은 하나님의 일곱 영이더라. 계 5:6

이 말씀에서 '어린양'은 아주 작고 여린 새끼 양을 의미하고, 예수님께서 바로 그 '작은 어린양'(little Lamb)이셨습니다. 사도 요한은 유대 지파의 '사자'가 이겼다는 말을 들었지만 그가 본 것은 '어린양'이었습니다. 즉, 사자는 어린양이었습니다! 어린양은 일곱 뿔을 가지고 있었는데 뿔은 완전한 힘을 의미합니다. 여기에서 우리는 아버지의 뜻에 순종하는 것이 바로 '약함' 가운데 완전한 '힘'이 된다는 것을 알 수 있습니다.

사자는 다스리고 군림하는 짐승이고 어린 양은 희생제물로 드려지는 동물입니다. 예수님은 사자처럼 군림하지 않으시고 십자가의 길을 택하사 그 길을 묵묵히 걸어가셨습니다. 그리고 지금 심판을 이기신 중보자로 서 계십니다.

전투 중에도 예수님은 사자가 아닌 어린양으로 나오십니다.

> 그들이 어린양과 더불어 싸우려니와 어린양은 만주의 주시요 만왕의 왕이시므로 그들을 이기실 터이요 또 그와 함께 있는 자들 곧 부르심을 받고 택하심을 받은 진실한 자들도 이기리로다 계 17:14

어린양 예수님은 그분을 신실하게 따르는 용사들을 부르십니다. 성령의 열매라는 강력한 무기를 들고 나가 싸우게 하십니다.

> 오직 성령의 열매는 사랑과 희락과 화평과 오래 참음과 자비와 양선과 충성과 온유와 절제니 이같은 것을 금지할 법이 없느니라. 갈 5:22-23

그 전쟁은 우리의 약함이 강함이 되는 전쟁입니다. 어둠의 권세는 무엇으로도 우리를 이길 수 없습니다. 우리는 패배함으로써 승리하고, 죽음으로써 살아납니다.

지금부터 저는 우리가 항복하며 살기 위해 무엇을 해야 하는지 나누려고 합니다.

용서

용서는 "어린양처럼 되라"는 부르심을 기반으로 하고 있습니다. 우리는 용서하지 않으면 제대로 서 있을 수 없습니다. 물론 여기에는 나 자신을 용서하는 것도 포함되어 있습니다.

용서는 권능, 즉 강퍅한 마음을 부드럽게 하는 권능을 가지고 있습니다. 사울은 스데반이 돌에 맞아 죽는 참혹한 현장을 다 지켜보았습니다. 군중들이 소름끼치도록 잔인한 일을 하는 동안, 그 일에 전적으로 동의하며 서 있었습니다. 그리고 고통 가운데 죽어가는 스데반이 그들을 용서하는 기도 소리를 들었습니다.

무릎을 꿇고 크게 불러 이르되 주여 이 죄를 그들에게 돌리지 마옵소서 이 말을 하고 자니라. 행 7:60

그는 참혹함과 숭고함이 공존하는 자리에 서 있었지만, 하나도 변하지 않았습니다. 오히려 교회를 핍박하는 일에 더욱 앞장

섰습니다. 이후로도 사울은 핍박받는 성도들로부터 말로 표현할 수 없는 평안을 보고, 용서의 고백을 들었을 것입니다. 그래도 그는 변하지 않았습니다.

하지만 분명 그 시간은 부활하신 예수님과의 만남을 준비하는 시간, 강퍅한 마음이 보이지 않게 아주 조금씩 부서져가는 시간이었음이 틀림없습니다. 물론 용서가 항상 '효과'가 있는 것은 아닙니다. 예수님께서 십자가에 달려 "아버지, 저들을 사하여 주옵소서"(눅 23:34)라고 말씀하시며 용서하셨지만 그 자리에서 백부장 외에 대부분의 사람들은 그분을 믿지 않았습니다.

사실 용서는 매우 어렵습니다. 그러나 그럴 만한 가치가 전혀 없어 보일지라도 용서해야 합니다. 용서하는 사람을 변화시킬 수 있다는 기대 때문이 아니라 '그냥' 용서해야 합니다. 또한 상대방이 받아들이지 않을지라도 용서해야 합니다. 언젠가 그 사랑이 그의 마음 깊은 곳에 닿을 것이기 때문입니다.

주님은 누군가가 우리에게 상처 줄 때, 잠잠히 받아들이고 그를 자유롭게 놓아주길 원하십니다. 심지어 그가 원하지 않을지라도 축복하며 보내주기를 원하십니다. 우리도 예수님처럼 '상처 입은 어린양'으로 다스리며 살아가야 합니다.

용서는 인간의 본성을 거스릅니다. 하지만 행동으로 증명되는 순간, 십자가의 권능이 나타납니다. 용서는 중보적인 행동이자 행함으로 보여 주는 사랑입니다. 물론 너무 억울해서 용서하기 싫을 수도 있습니다. 내 안의 '정의로운 분노'를 내려놓기 힘들 수도 있습니다. 이유 없이 학대를 받아왔다면, 아니 지금도 받고 있다면 '정당성'에 대한 나의 권리를 내려놓기가 거의 불가능할 수도 있습니다.

세상은 점점 더 양극화를 향해 가고 있습니다. 어떻게 아랍인이 유대인을, 유대인이 아랍인을 용서하고 받아들일 수 있을까요? 그들은 서로 너무 오랫동안 많은 피를 흘렸고 적대적으로 살았습니다. 어떻게 로힝야족(미얀마에 거주하는 무슬림 소수민족)이 미얀마인을 품을 수 있고, 야지디족(이라크에 거주하는 야지디교 소수민족)이 ISIS 군인과 화해할 수 있을까요? 이를 위해서는 사자의 포효 그 너머의 어떤 것, 강한 힘 그 너머의 어떤 것, 위대한 지성 그 너머의 어떤 것이 필요합니다.

우리 주님께서 바로 그 길 위를 걸으셨습니다. 어린양의 길을….

온유와 겸손

온 우주만물을 다스리시는 만왕의 왕께서 그분의 마음을 표현하시는 유일한 방법은 '온유와 겸손'입니다. 그것이 바로 어린양의 마음입니다.

나는 마음이 온유하고 겸손하니 나의 멍에를 메고 내게 배우라 그리하면 너희 마음이 쉼을 얻으리니. 마 11:29

여기서 예수님은 우리가 그분으로부터 배워야 한다고 분명히 말씀하십니다. 그분은 높은 자리에 앉아 명령하시지 않고, 오히려 매일 죄를 지으며 살아가는 우리에게 온유함과 겸손함으로 다가와 우리를 그분께로 이끄십니다. 그분의 온유와 겸손은 어둠의 권세를 물리칩니다.

또한 예수님은 마음에 쉼을 얻는 유일한 방법이 온유와 겸손이라고 가르쳐 주십니다. 염려가 나를 가둘 때, 온유와 겸손은 자유를 주는 안식의 처소가 됩니다.

겸손한 마음은 무언가를 증명할 필요가 없습니다. 높은 자리를 차지하기 위해, 혹은 인정받기 위해 애쓰고 노력할 필요도 없습니다. 겸손한 마음은 이렇게 말합니다.

"나는 나를 알고 우리 주님도 내가 누구인지 알고 계셔. 나는 그것만으로 충분해!"

예수님이 산 위에서 전하신 팔복(마 5:3-12)은 겸손에 대한 그분의 마음을 아주 잘 나타내고 있습니다. 당시 유대인들은 십계명이 자신들을 가장 고결한 행동으로 이끄는 것으로 여겼고, 자신들을 드러내기 위해 마음대로 왜곡시켰습니다. 심지어 종교지도자들은 백성들이 모이는 곳마다 자신들이 하나님의 우편에 있는 자라고 떠벌리게 함으로써 유대감을 형성시켰습니다.

그러나 예수님은 복 있는 자는 종교지도자가 아니라 '심령이 가난한 자'라고 분명히 말씀하십니다. 그리고 애통하는 자, 온유한 자, 의에 주리고 목마른 자, 마음이 청결한 자, 화평하게 하는 자, 의를 위하여 박해를 받는 자라고 말씀하십니다. 그러한 자는 반드시 복을 받을 것입니다!

팔복은 '사자'의 가르침이 아닌 '어린양'의 가르침입니다. 예수님은 팔복의 메시지를 통해 우리에게 그분의 본성, 즉 가난하고 애통하며 온유하고 의롭고 거룩하며 박해를 받아도 평화에 이르는 그분의 본성을 나타내십니다. 그리고 우리가 그분의 본성을 따라 높아진 세상의 지혜를 무너뜨리고 낯설지만 복 있는 삶으로 들어오길 원하십니다.

사랑의 상처

이 세상 어디에도 그리스도의 부활만큼 영광스럽고 완벽한 승리는 없습니다. 예수님은 세상의 모든 정복자를 정복하셨지만, 성전 위에 우뚝 서서 "회개하라, 나를 경배하라!"고 외치며 군림하지 않으십니다. 오히려 그분을 따르는 자들 안에 거하시며 겸손히 가르치십니다.

이 날 곧 안식 후 첫날 저녁 때에 제자들이 유대인들을 두려워하여 모인 곳의 문들을 닫았더니 예수께서 오사 가운데 서서 이르시되 너희에게 평강이 있을지어다 이 말씀을 하시고 손과 옆구리를 보이시니 제자들이 주를 보고 기뻐하더라 예수께서 또 이르시되 너희에게 평강이 있을지어다 아버지께서 나를 보내신 것 같이 나도 너희를 보내노라 이 말씀을 하시고

그들을 향하사 숨을 내쉬며 이르시되 성령을 받으라 너희가
누구의 죄든지 사하면 사하여질 것이요 누구의 죄든지 그대
로 두면 그대로 있으리라 하시니라. 요 20:19-23

예수님은 두려워하는 제자들에게 찾아가셔서 십자가에서 입
으신 상처를 직접 보여 주셨습니다. 제자들은 부활하신 예수님
을 눈으로 직접 확인하고 기뻐했습니다.

이 땅에 사시는 동안 예수님이 느끼셨던 가장 고통스럽고 큰
상처는 십자가를 지셨던 그때였습니다. 가족과 제자들, 그분을
따르던 수많은 사람들이 그분을 외면하고 의심했습니다. 하지
만 예수님은 상처로 인해 그분의 마음이 강퍅해지도록 내버려두
지 않으셨습니다. 오히려 그 상처가 하나님을 영화롭게 하는 것
임을 아셨기에 거듭거듭 허락하셨습니다. 종국에는 그분의 심장
가장 깊은 곳을 찌르는 날카로운 창까지도 묵묵히 받아들이셨습
니다.

예수님은 어느 것도 그분의 평안을 빼앗아가지 못하도록 하
셨습니다. 그렇다고 스스로를 방어하려고 애쓰신 것도 아닙니
다. 그저 묵묵히 참고 견디셨습니다. 심지어 십자가에 달리셔서
저들을 용서해달라고 간구하셨습니다. 그것이 바로 예수님께서
삶을 살아내신 방식이었습니다.

이러한 예수님이시기에 두려움, 혼란, 절망, 환멸 가운데 낙
심하고 있는 제자들 가운데 찾아오셔서 평강(peace)을 줄 수 있
으셨습니다. 예수님은 어린양의 방법으로 사망을 이기셨습니다.

그리고 예수님은 제자들이 그분을 '전쟁의 왕자'가 아닌 '평화의 왕자'로 기억하길 원하셨습니다. 사랑은 반드시 승리합니다! 승리를 위해 필요한 것은 큰소리치며 떠들썩한 개선행렬이 아닙니다. 예수님처럼 온유하고 겸손하게 나아가는 것이 필요합니다.

예수님은 제자들에게 평화를 선포하시면서 "아버지께서 나를 보내신 것 같이 나도 너희를 보내노라"고 말씀하십니다. 이를 한 문장으로 표현하면 "가라, 그리고 상처 입어라"가 가장 적절한 표현일 것 같습니다.

예수님의 상처를 본 제자들은 그 잔혹한 흔적에 충격이나 공포, 두려움에 휩싸이지 않았습니다. 성경은 그들이 주님을 보았을 때, 기뻐했다고 분명히 기록하고 있습니다. 끔찍한 죽음의 현장을 그대도 보여 주는 상처인데 어떻게 그럴 수 있었을까요? 그것은 바로 '부활' 때문입니다. 모든 '죽음의 흔적'이 그리스도의 부활을 통해 '사랑의 흔적'으로 변화되었기 때문입니다.

보라 내가 너희를 보냄이 양을 이리 가운데로 보냄과 같도다.

마 10:16

주님은 제자들에게 이리 가운데로 보내진 양에게 일어난 일을 자신이 직접 증명해보이셨습니다.

"그러할지라도 아버지께서 나를 보내신 것 같이 나도 너희를 보낼 것이다!"

끔찍하고도 영광스러운 말씀입니다.

상처 입은 사랑의 군대

우리도 예수님의 상처 입은 사랑의 군대에 들어갈 수 있을까요? 주님께 항복했다면 일단 자격이 있습니다. 그곳에 완전히 들어가기까지 우리 안에는 치열한 싸움이 있겠지만, 저항할 수 없는 주의 사랑을 경험하면 할수록 어떠한 굳은 결심보다 쉽게 들어가게 될 것입니다.

많은 경우, 하나님께 '항복'하는 것은 사람에게 '순종'하는 것과 관련 있습니다. 우리는 그것을 경험할수록 격렬한 갈등을 겪게 되는데, 만약 내가 순종해야 하는 사람이 불의한 자라면 더욱 그렇습니다. 그러나 예수님은 하늘 아버지의 뜻에 '항복'하셨기에 바리새인들과 위정자들에게 '순종'할 수 있으셨습니다. 그들의 손에 자신을 넘길 수 있으셨습니다. 그리고 지금 주님은 우리에게도 이와 같이 행하라고 명하고 계십니다. 그것이 바로 우리가 걸어야 할 믿음의 길이기 때문입니다.

부드러운 혀는 뼈를 꺾느니라. 잠 25:15

어떻게 이 말씀이 가능할 수 있을까요? 당신은 "사랑은 반드시 이긴다"는 말을 믿을 수 있나요? 사람들이 당신에 대해 제멋대로 말하고 다닐 때, 스스로를 변호할 기회를 거부하고 잠잠할 수 있나요? 대적의 기세가 점점 거세지는데 그때도 계속 잠잠히 있을 수 있나요? 솔직히 저는 어느 것 하나 쉽게 대답하지 못할 것 같습니다.

　물론 우리 예수님도 화를 내셨습니다. 성전에서 채찍을 휘두르셨고 내쫓으셨으며 둘러엎으셨습니다. 어떻게 어린양이신 예수님께서 사자의 모습을 보일 수 있으셨을까요? 이에 대하여 알아보기 위해 요한복음 20장으로 다시 돌아가 보겠습니다.

새로운 창조

부활하신 예수님은 제자들에게 이렇게 말씀하십니다.

　그들을 향하사 숨을 내쉬며 이르시되 성령을 받으라. 요 20:22

　태초에 하나님이 '흙'으로 우리의 형체를 빚으시고 그분의 '숨'(생기)을 불어넣어 주셨듯이 예수님은 다시 한 번 창조에 관해, 즉 '새로운 창조'에 관해 말씀하고 계십니다.

　하나님이 자기 형상 곧 하나님의 형상대로 사람을 창조하시되 남자와 여자를 창조하시고 … 여호와 하나님이 땅의 흙으로 사람을 지으시고 생기를 그 코에 불어넣으시니 사람이 생령이 되니라. 창 1:27, 2:7

　우리는 하나님과 사람들과의 완벽한 조화(shalom, 평안) 가운데 살아가도록 창조되었습니다. 그래서 아담과 하와 사이, 그들과 하나님 사이에는 어떠한 장벽도 없었습니다. 그들이 죄를 짓기 전까지 말입니다.

하나님은 창조의 6일째 되는 날에 사람을 창조하셨습니다. 그리고 예수님은 6일째 되는 날(금요일)에 돌아가셨습니다. 그분은 아담과 같은 육체를 입으신 한 사람으로서, 우리의 죄를 짊어지신 한 사람으로서 심판을 받아 돌아가셨습니다. 그리고 주의 첫날에, 예수님은 마지막 아담이요 새 창조의 첫 사람으로 부활하셔서 제자들에게 나타나셨습니다. 그리고 태초에 그러셨던 것처럼 '말씀'하셨습니다.

너희에게 평강이 있을지어다. 요 20:21

이 말씀은 다시 샬롬이 회복되었다는 것을 의미합니다. 이제 제자들과 제자들 사이, 그들과 하나님 사이에 절대적 평안이 임하게 되었습니다. 예수님은 제자들을 다시금 하나님께로, 샬롬으로 되돌려 보내셨습니다.

하나님께서 첫 사람에게 숨을 불어 넣어 주셨듯이 예수님은 제자들을 향해 숨을 내쉬며 성령을 주셨습니다. 그것은 성령이 임하는 오순절 날의 전조가 됩니다. 성령은 주의 영이며 성령 없이는 누구도 거듭날 수 없습니다.

사람이 물과 성령으로 나지 아니하면 하나님의 나라에 들어

갈 수 없느니라 육으로 난 것은 육이요 영으로 난 것은 영이
니. 요 3:5-6

성령은 우리가 그리스도 안에 새로운 피조물로 살아가게 합
니다.

그런즉 누구든지 그리스도 안에 있으면 새로운 피조물이라
이전 것은 지나갔으니 보라 새 것이 되었도다. 고후 5:17

또한 우리는 성령으로 새로운 세상에 다시 태어납니다. 그곳
은 하나님의 나라, 즉 천국입니다. 우리는 천국이 하늘에서와 같
이 이 땅에도 임하기를 구할 수 있습니다. 우리가 성령으로 하늘
에 속하였기 때문입니다. 하나님의 나라는 우리 안으로 들어오
고, 우리를 통하여 세상으로 들어갑니다.

만일 내 행동이 선을 행하려는 나의 갈망과 모순된다면 나
는 반드시 이렇게 결론을 내려야 합니다. 나의 진정한 정체성
이 그것을 행한 것이 아니라 내가 초대하지 않은 불청객인 죄
가 내가 진정한 나로 존재하는 것을 방해한 것입니다. 롬 7:20,
TPT(The Passion Translation)

우리의 참된 본성과 정체성은 우리가 그리스도를 알면 알수
록 더욱 명확하게 드러납니다. 우리 주님은 이기심이나 자존심

으로 고민하거나 힘겨워하지 않으십니다. 당황하거나 낙심하지도 않으십니다. 아파하지도 않으십니다. 그분은 항상 소망과 믿음, 사랑과 기쁨, 그리고 용서로 가득하신 분입니다.

예수님은 '포도나무'이시고 우리는 그분의 '가지'입니다(요 15:5). 우리는 주께로 연결되어 있어야만 그분의 생명을 얻을 수 있기에 포도나무에 잘 붙어 있어야 합니다. 그런데 그것이 결코 쉬운 일이 아닙니다! 그때 나의 옛 질서 안에 존재하고 옛 질서를 따르는 것들이 주님과의 연합을 조롱하고 멸시할 것입니다. 나의 본성은 하나님의 왕국의 법도에 대해 말도 안 되는 미친 소리라고 외칠 것입니다. 나의 이성은 믿음을 억압하고 다그치면서 마음을 전쟁터로 만들 것입니다. 하지만 우리는 어떠한 상황에서도 그리스도의 마음을 가져야 합니다. 우리의 마음을 그분으로 가득 채워야 합니다.

누가 주의 마음을 알아서 주를 가르치겠느냐 그러나 우리가 그리스도의 마음을 가졌느니라. 고전 2:16

천국을 한순간도 놓치지 않고 소유하고 살아가려면 끊임없이 하늘을 향하여 나 자신을 재조정해야 합니다.

위의 것을 생각하고 땅의 것을 생각하지 말라 이는 너희가 죽었고 너희 생명이 그리스도와 함께 하나님 안에 감추어졌음이라. 골 3:2-3

이 말씀과 같이 우리는 죽었습니다. 우리의 죽음이 바로 우리를 자유케 하는 열쇠입니다. 그런데 우리는 이 사실을 너무 쉽게 잊어버리기에 늘 나의 옛 창조, 옛 본성에 대하여 죽었음을 선포해야 합니다. 긴장감으로 예민해지고 스트레스와 분노를 느낄 때, 실패와 두려움으로 힘들 때 다시 일어나 자유의 자리로 나아가야 합니다. 우리는 그리스도와 함께 십자가에 못 박혔습니다. 그리스도 안에 새롭게 태어난 우리의 생명은 아버지 안에서 성령의 능력으로 예수님 안에 '감추어져' 있습니다.

우리의 새로운 생명은 어린양과 같이 온순합니다. 연약해보이나 하나님의 권능을 가지고 있습니다. 우리는 그리스도 안에 '감추어져' 있을 때에야 비로소 언제 말하고 언제 잠잠해야 하는지를 분별하는 지혜와 용서의 능력을 가질 수 있습니다.

항복에 대한 권위

요한복음 20장에서 예수님은 그분의 상처 입은 사랑하는 자들이 놀라운 권위를 가지게 될 것이라고 말씀하십니다.

성령을 받으라 너희가 누구의 죄든지 사하면 사하여질 것이요 누구의 죄든지 그대로 두면 그대로 있으리라 하시니라. 요 20:22-23

당신은 예수님이 "절대로 용서하지 않겠다"라는 말을 하신 사람에 대하여 들어본 적 있나요? 아마 그런 사람이 있다면 자기 스스로 용서받지 않겠다고 결정한 자일 것입니다.

　　예수님은 앞으로 그분의 일을 담당할 제자들에게 성령을 주시면서 죄를 사하는 권능을 위임하십니다. 우리는 주의 일을 하기 위해 꼭 신학교에 가서 교육을 받거나 목회자가 될 필요는 없습니다. 모두가 선교사로, 목사로, 장로로 불릴 필요는 없습니다. 중요한 것은 우리가 성령의 권능으로 선포할 권리를 가지고 있다는 것입니다. 그것은 예수님의 이름으로 "죄를 사한다"고 선포하는 권리입니다. 그렇다면 우리가 어떻게 용서하는 것을 미룰 수 있을까요?

　　용서를 유보하는 유일한 방법은, 소리내어 진리를 선포하지 않는 것입니다. 때론 요나처럼 니느웨 사람들에게 자신이 알고 있는 진리를 선포하고 싶지 않을 수 있습니다. 우리 마음 안에도 누군가가 회개하는 것이 싫은 마음이 있을 수 있습니다. 또한 진리를 선포하기 위해 내 안에 부끄러움과 싸워야 할 수도 있습니다. 저는 수줍음 많은 성격을 성격적 특성이라고 여기기보다 성령께서 우리를 향해 하시는 말씀을 가로막는 죄라고 생각합니다. 아무것도 선포하지 말고 우리에게 "그냥 조용히 있으라"고 하는 속삭임은 나의 게으름일 수도 있고, 이 세상에 대한 선입견일 수도 있습니다. 혹은 낮은 자존감에서 온 것일 수도 있고, 잘못된 가르침에서 온 것일 수도 있습니다. 그것이 무엇이든 우리가 성령으로 숨 쉬고 있다면 주께서 모든 장애물을 다루어 주실 것입니다.

주의 일을 하기 위한 우리의 몫은 나 자신을 완벽하게 만드는 것이 아니라 완전하신 그분께 나의 시선을 고정하고 나 자신을 내어드리는 것입니다. 우리는 새로운 피조물입니다. 우리는 그리스도 안에 있습니다. 진리가 우리를 자유케 합니다!

우리가 주께 항복하는 이러한 삶을 살아갈 때, 무기를 휘두를 수 있도록 하는 것은 바로 중보기도(도고기도)입니다.

중보기도

중보기도는 하늘과 땅을 이어주는 권능입니다. 하나님의 왕국을 이 땅으로 가져오는 혁명적인 일입니다. 또한 매우 역동적이고, 결코 멈출 수도 멈춰서도 안되는 일입니다. 중보기도를 하는 순간 우리는, 하늘에서는 우리를 위해 중보하시는 어린 양 예수 그리스도와 연합하고(롬 8:34 ; 히 7:25), 땅에서는 성령님과 함께 동역하게 됩니다(롬 8:26-27). 우리의 중보기도를 통해 하나님의 권능이 이 땅에 임하게 됩니다.

그렇다면 중보기도란 무엇일까요? 그것은 단순히 기도를 많이 하고 끝내는 것이 아니라, 내가 기도한 내용에 책임을 지는 것입니다. 즉, 말보다 행동입니다. 내가 중보기도한 사람과 동일시되는 것이고, 이를 위하여 대가를 지불하는 것입니다. 예수님은 이 땅에서뿐 아니라 지금까지 중보의 삶을 살아가고 계십니다. 그분은 우리를 위해 대가를 지불하셨고, 항상 그분의 모든 선한 것을 우리에게 주십니다.

중보기도는 주께 항복함으로 내 생명을 쏟아 붓는 일입니다. 그것은 선택이 아닙니다. 어린양의 마음에서 시작해 다시 어린 양께로 전해지는 사랑의 보증입니다. 예수님은 항상 그분의 맹렬한 사랑과 잃어버린 영혼들을 향한 그분의 마음을 함께 나눌 자들을 찾으십니다.

이 땅을 위하여 성을 쌓으며 성 무너진 데를 막아서서 나로 하여금 멸하지 못하게 할 사람을 내가 그 가운데에서 찾다가 찾지 못하였으므로. 겔 22:30

예수님은 그분이 찾으시는 자, 즉 자원하여 주께 나아오는 자에게 특별한 한 사람, 특별한 한 민족, 특별한 한 상황에 대한 그분의 마음을 품게 하시고, 그 마음 안에서 그와 깊은 교제를 나누십니다. 그러면 이제 그는 주님의 자녀이자 동역자가 되고, 그분의 열정과 고통, 그리고 모든 승리를 함께 하는 자가 됩니다.

그런데 주님의 마음을 품기 위해서는 먼저 내가 소유하고 싶고 지키고 싶은 모든 것을 버려야 합니다. 심지어 주님을 어떻게 섬길지에 대한 나의 생각과 계획, 그리고 사역에 대한 열망까지도 모두 버려야 합니다. 우리는 '오직 주의 사랑으로' 깨어 있어야 합니다. 그 사랑 안에서 모든 일을 행하고, 그 일을 행한 후에 굳게 서 있어야 합니다.

어둠의 권세는 단 몇 번의 기도로 움직여지거나 물러나지 않습니다. 오직 강력한 중보기도만이 그렇게 할 수 있습니다. 모든 소망이 사라진 곳이라 할지라도 우리는 중보기도를 통한 강한 인내와 눈물과 금식으로, 그리고 섬김과 용서로 승리할 수 있습니다. 중보기도는 '거룩한 전투'입니다. 우리는 승리하는 그날까지 힘을 다해야 합니다.

> 만일 너희 믿음의 제물과 섬김 위에 내가 나를 전제로 드릴지라도 나는 기뻐하고 너희 무리와 함께 기뻐하리니. 빌 2:17

사도 바울은 그가 세운 교회들과 아직 복음이 닿지 않은 땅을 향하여 중보기도를 쉬지 않았습니다. 이를 위해서라면 자신을 희생하는 자리도 기쁘게 여겼습니다. 그는 예수님과의 깊은 사귐 가운데 사람의 지략이 아닌 그분의 역사를 따라 힘을 다하여 수고했습니다.

> 우리가 그를 전파하여 각 사람을 권하고 모든 지혜로 각 사람을 가르침은 각 사람을 그리스도 안에서 완전한 자로 세우려 함이니 이를 위하여 나도 내 속에서 능력으로 역사하시는 이의 역사를 따라 힘을 다하여 수고하노라. 골 1:28-29

우리가 사랑 안에 중보기도를 계속하려면, 먼저 어린양 예수께서 나의 이기적인 마음을 깨뜨려 주셔야 합니다. 그러나 그것

만으로 끝나지 않습니다. 어린양께 항복하고 그분께 나 자신을
내어드려야 합니다.

예수님은 유월절 만찬 자리에서 제자들에게 다음과 같이 말
씀하십니다.

이것은 너희를 위하여 주는 내 몸이라 너희가 이를 행하여 나
를 기념하라. 눅 22:19

예수님은 자신이 먼저 빵을 드시고 남은 조각을 제자들에게
주지 않으셨습니다. 그렇다면 우리에게도 "네가 먼저 먹고 남
은 것을 다른 이들에게 주라"고 말씀하지 않으십니다. 예수님은
그분처럼 우리 자신의 생명을 찢어 세상의 생명이 되라고 말씀
하십니다. 생명의 새 물결이 밀려오려면 내가 부서지고 찢어져
야 합니다. 내 이기적인 마음이 주의 이타적인 생명 앞에 항복할
때, 반드시 새로운 물결이 밀려올 것입니다.

주님은 우리에게 살처럼 부드러운 마음(겔 11:19)을 주십니다.
살은 희생제사를 위하여 존재하는 것입니다. 우리는 우리 생명
으로 세상 죄를 담당할 수 없습니다. 그 일은 이미 하나님의 어
린양께서 단번에 이루셨습니다. 다만 우리는 부드러운 마음으로
어린양을 따를 때, 세상이 주를 알도록 하고, 주와 함께 고통당
하는 일에 동참할 수 있습니다. 그것이 바로 중보기도이고, 또한
바울의 기쁨이었습니다.

나는 이제 너희를 위하여 받는 괴로움을 기뻐하고 그리스도
의 남은 고난을 그의 몸된 교회를 위하여 내 육체에 채우노
라 내가 교회의 일꾼 된 것은 하나님이 너희를 위하여 내게 주
신 직분을 따라 하나님의 말씀을 이루려 함이니라. 골 1:24-25

만약 성경에 이 말씀이 없었다면, 괴로움을 기뻐하고 그리스
도의 결핍이 있는 고난에 대해 이단으로 치부했을지도 모릅니
다. 그러나 우리는 중보기도가 고난 받으시는 주님과의 관계 속
으로 들어가는 초대임을 잊지 말아야 합니다.

어린 양 예수는 정복자 그 이상이십니다! 우리의 싸움은 매
순간 나 자신을 믿음으로 주께 항복시켜 믿음을 입증하고 나타
내는 것입니다. 우리의 항복은 우리를 정복자 그 이상으로 세워
줄 것입니다. 우리의 비밀병기, 바로 '항복'입니다!

항복을 누리다

십대 때 저는 주일 오후에 방영되는 영화나 하이틴 잡지를 통
해 사랑 이야기를 접했습니다. 돌아보면 학교에 다니기 시작한
다섯 살 때부터 옆집에 사는 남자아이나 학교에서 만나는 남자
친구들을 멀리서 지켜보며 관심을 가졌던 것 같습니다. 대부분
의 십대 소녀들이 그러하듯 친구들과의 대화 주제는 남자친구였
고, 저는 하이틴 잡지에 나오는 이야기처럼 첫눈에 사랑에 빠질

왕자님을 꿈꿨습니다.

청년이 된 저는 예수님을 믿고 그분께 제 모든 것을 드리겠다고 고백했지만, 마음 한 켠에서는 결혼하여 가정을 꾸리며 살아가는 삶을 꿈꾸고 있었습니다. 천생연분을 만나게 될 것이라는 환상과 첫눈에 반하게 될 남자에 대한 생각을 머릿속에서 떨쳐 내기가 쉽지 않았습니다. 돌아보면 원수들이 제 연약함을 틈타고 들어와 마음을 차지하고 있었다고 생각합니다.

제가 북아프리카에서 섬길 때, 하루는 같은 선교단체에 있는 한 친구가 저를 찾아왔습니다. 선교단체의 리더가 기도하던 중에 저에 대한 염려가 커져서 그를 대신 보낸 것이었습니다. 저는 그와 함께 기도하기 시작했고, 기도가 깊어질수록 하나님은 제가 항복해야 할 것들에 대하여 점차 알려 주셨습니다. 그리고 마침내 제가 항복함으로써 온전히 제 자신을 깨뜨려야 할 지점과 마주하게 하셨습니다.

저는 세속적 행복에 대한 집착이 저를 완전히 사로잡고 있다는 것을 깨달았습니다. 물론 실제로 욕망을 따라 살진 않았지만, 머릿속으로는 '이 사람이 나랑 맞을까, 아니면 저 사람이 나랑 맞을까?'를 끊임없이 상상하며 많은 시간을 보내고 있었습니다. 저는 그러한 제 실체를 마주하고 충격에 빠졌고 즉시 회개했습니다. 그리고 그 일을 통해 대적으로부터 자유하게 되었다고 믿었습니다.

그로부터 몇 주 후, 주님은 제게 그분을 '아버지'로 믿고 있는지 물으셨습니다. 저는 "그렇습니다"라고 대답했습니다. 그러자 제 마음에 북아프리카 사람들의 결혼식이 떠올랐습니다. 그들의 결혼은 대부분 아버지의 주선과 허락으로 이루어집니다.

> "네 결혼에 대해 아버지인 내가 선택할 수 있도록 허락해주겠
> 니? 게일, 네가 너를 알고 있다고 생각하는 것보다 훨씬 더 많이
> 내가 너를 알고 있다는 것을 믿어 주지 않겠니?"

저는 바로 대답할 수가 없었습니다. 주님은 제가 꿈꾸는 미래의 모든 행복을 그분 앞에 온전히 내려놓을 수 있는지, 주께 항복할 수 있는지 묻고 계셨습니다. 배우자뿐 아니라 모든 선택을 주께 맡기고 살아갈 수 있는지 묻고 계셨습니다. 저는 사흘 정도 몸부림치다가 다시 주님 앞에 앉았습니다. 당시 저는 이십대 중반이었고, 배우자 없는 삶은 단 한 번도 상상하지 않은 일이었습니다. 주님이 던지신 그 단순한 질문들은 제 내면에서 일어나고 있는 싸움의 핵심을 건드렸습니다. 핵심 키는 제가 아닌 주님이 잡고 계셨습니다. 마침내 저는 항복을 선택했습니다. 괴로웠던 그 사흘간 저는 몇 가지 질문들 앞에 섰는데, 그 중 하나가 이것입니다.

> "하나님과 나, 이 둘 중에 누구를 신뢰하기로 선택하겠는가?"

사실 답은 명료했습니다. 자비하심과 오래 참으심으로 늘 저를 기다려 주시는 주님 앞에 항복할 수밖에 없었습니다. 저는 하

늘 아버지의 포근한 품에 파고들면서 고백했습니다.

"네, 주님만을 신뢰합니다!"

그러자 제 마음 깊은 곳에서부터 평안이 차올랐습니다. 제가 다 짊어지고 가야 한다는 모든 '압박감'을 내려놓고 자유해졌습니다. 이와 같이 우리 자신의 모든 주도권을 하나님 앞에 올려드리면, 우리는 자유를 경험하게 됩니다. 저는 그날 얼마나 행복하게 웃었는지 모릅니다.

그로부터 35년이 지난 지금, 저는 이 글을 쓰고 있습니다. 비록 당시에는 힘들었지만 그 결정을 결코 후회한 적이 없습니다. 주님은 저를 독신으로 결혼생활에서 경험할 수 없는 놀라운 인생을 살게 하셨습니다. 그리고 여전히 제 모든 영역을 다스리고 계십니다. 저는 주님께서 허락하시는 그 범위 안에서 자유를 누리며 살아가고 있습니다.

주 앞에 전적으로 항복하는 삶에 관하여 나누는 마지막 장에서 제 이야기를 나눈 것은 제 삶이 완벽해서가 아닙니다. 저는 항복하기 위해 처절한 전투 가운데 들어가야 했고, 여전히 다른 여러 영역에서 치열하게 싸우며 살아가고 있습니다.

오늘도 저는 주님 앞에 항복합니다. '항복'으로 누리는 큰 자유와 기쁨을 알기에 죽기까지 '항복'하는 삶을 향해 나아갈 것입니다.

스무 살, 예수님을 처음 만난 그때의 저는 은사와 달란트가 무엇인지 끊임없이 탐구하고 이를 알기 위해 애썼습니다. 그러던 어느 날 주님의 음성이 제 마음을 울렸습니다.

"네가 즐겁게 할 수 있는 일이 무엇이니?"

"사람들에게 글을 써주는 거예요."

"그렇다면 내게도 글을 써주지 않겠니?"

그때 저는 그렇게 하겠노라고 주님께 약속했습니다.

지금까지의 인생을 돌아보면 많은 순간 저는 하나님의 '아름다운 단순함'(beautiful simplicity)과 마주했습니다. 우리는 주님을 위하여 무언가 거창하고 큰일을 꿈꾸며 이를 이루려고 애쓰지만, 사실 우리 주님은 모세에게 던지신 아주 단순한 질문을 우리에게 던지십니다.

네 손에 있는 것이 무엇이냐. 출 4:2

모세의 손에 들려 있던 것은 지팡이, 즉 나무 막대기였습니다. 그것은 홍해를 가르는 등 기적을 나타내는 하나님의 일에 쓰임 받았습니다. 즉, 하나님이 우리 손에 들려 주신 것을 우리가 다시 그분께로 돌려 드리면 우리 손에 들려 있는 것도, 우리도 새롭게 변화될 수 있습니다. 그러면 우리는 이제 더 이상 이 땅에서 숨만 쉬는 존재가 아닌 하나님의 왕국이 임하는 존재가 됩니다.

이 책을 집필하는 동안, 저는 인생에서 가장 큰 역경이라고 느껴질 만큼 힘든 시간을 견뎌내야 했습니다. 하지만 그 시간들을 견디며 집필해가는 과정은 다시금 하나님의 친밀하고 영원한 사랑 안에 기초를 세우는 시간이 되었습니다. 저는 여러분에게도 제가 경험한 주님의 도우심이 임하길 간절히 소망합니다.

세상은 불법으로 가득하고, 죄는 더욱 만연해지고 있습니다. 최근 중동에서 사역하는 친구에게 모슬렘 사회에서 그리스도인이 된 한 여인이 가족들에 의해 납치와 감금, 그리고 구타로 턱뼈가 부러졌다는 소식을 들었습니다. 또한 강요에 의해 백지수표에 서명을 했다가 모든 재산을 빼앗겼다는 이야기도 들었습니다. 유일하게 가족을 부양해왔던 그녀는 상환청구소송을 하기 위해 법원을 찾았지만, 어떠한 상환청구권도 주어지지 않았다고 합니다. 그녀가 아무런 권리도 주장할 수 없었던 이유는 기독교인이기 때문이었습니다.

곳곳에서 일어나는 전쟁은 어떠한 도움도 받을 길이 없는 힘없는 사람들을 계속해서 절망에 빠뜨리고 있습니다. 세계 곳곳에서 셀 수 없이 많은 난민들이 자신들의 나라를 빠져나오고 있습니다. 국경에 한 모슬렘 남성이 항의의 뜻으로 자신의 입을 꿰매고 서 있다는 소식을 들었습니다. 그의 소리 없는 외침은 가족들이 죽어가고 있다는 절박한 외침이었습니다. 또한 수많은 어린 아이들이 전쟁과 빈곤을 경험하고 있고 증오 가운데 내몰리고 있습니다. 아이들 역시 증오 외에 다른 어떤 것도 배우지 못한 채 자라가고 있습니다.

또한 불법이 성행하고 있습니다. 사랑이 식어가고 있습니다. 그렇다고 주님이 우리에게서 등을 돌리실까요? 아닙니다! 결코 그렇지 않습니다. 그분은 사랑하는 용사이십니다.

> 내가 붙드는 나의 종
> 내 마음에 기뻐하는 자, 곧 내가 택한 사람을 보라
> 내가 나의 영을 그에게 주었은즉
> 그가 이방에 정의를 베풀리라
> 그는 외치지 아니하며 목소리를 높이지 아니하며
> 그 소리를 거리에 들리게 하지 아니하며
> 상한 갈대를 꺾지 아니하며 꺼져가는 등불을 끄지 아니하고
> 진실로 정의를 시행할 것이며 그는 쇠하지 아니하며
> 낙담하지 아니하고 세상에 정의를 세우기에 이르리니
> 섬들이 그 교훈을 앙망하리라. 사 42:1-4

주님과 전쟁을 치른다면 그 안에는 긍휼이 가득하고 치유가 가득할 것입니다. 왜냐하면 그분의 손에 들린 무기는 바로 '사랑'이기 때문입니다. 만약 주님께서 무기를 휘두르셔서 우리에게 상처를 입히신다면 그 상처는 우리를 향한 예수님의 사랑입니다.

주님을 향한 사랑의 불꽃이 사그라지는 순간, 주님은 우리 안에 그분의 사랑의 숨을 불어 넣어주십니다. 결코 낙담하지 않으시는 우리 주님은 우리가 그분의 사랑 안에 있다는 것을 느끼며 살아가길 열망하십니다. 우리는 주님의 사랑 안에 서 있을 때에야 비로소 우리 역시 용사임을 깨닫게 됩니다. 그리고 주님의 사랑과 권능을 세상에 흘려보내게 됩니다.

이사야 선지자는 아주 놀라운 장래의 일을 기록하였습니다. 그는 홍해가 갈라져 마른 땅을 걸었던 이전 일은 앞으로 일어날 새 일과 비교할 수 없다고 말합니다. 유대인들은 해마다 유월절을 지킵니다. 주님의 기적을 경험한 그날은 그들 믿음의 중심입니다. 이사야는 믿음의 중심인 그 유월절을 주목하여 이야기하면서 다음과 같이 말합니다.

너희는 이전 일들을 기억하지 말며
옛날 일을 생각하지 말라
보라 내가 새 일을 행하리니 이제 나타낼 것이라
너희가 그것을 알지 못하겠느냐
반드시 내가 광야에 길을 사막에 강을 내리니
장차 들짐승 곧 승냥이와 타조도 나를 존경할 것은
내가 광야에 물을, 사막에 강들을 내어
내 백성, 내가 택한 자에게 마시게 할 것임이라. 사 43:18-20

광야와 같은 이 세상이 변화될 날이 올 것입니다. 길들여지지 않는 야생의 짐승조차 하나님 앞에 존경을 표하며 무릎 꿇을 날이 올 것입니다. 새 일이 나타날 것입니다. 오늘날 메시아를 소망하며 기다리는 이스라엘에 이 일이 시작되었고, 더욱 솟아오르고 있습니다.

성경은 메시아가 이 땅에 와서 외칠 때, 이 예언이 성취될 것이라고 기록하고 있습니다.

> 나를 믿는 자는 성경에 이름과 같이 그 배에서 생수의 강이 흘러나오리라 하시니 이는 그를 믿는 자들이 받을 성령을 가리켜 말씀하신 것이라(예수께서 아직 영광을 받지 않으셨으므로 성령이 아직 그들에게 계시지 아니하시더라). 요 7:38-39

이것이 바로 '새 일'이었고 지금도 여전히 새 일입니다! 예수님을 나의 구주로 영접할 때, 우리는 새로운 변혁자(transformer)로 다시 태어나고, 사막에 꽃을 피울 수 있습니다.

초막절 마지막 날에 예수님은 "나를 믿는 자는 성경에 이름과 같이 그 배에서 생수의 강이 흘러나오리라"고 선포하셨습니다. 초막절은 모든 열방이 모이도록 명령하신 날입니다. 이사야는 한 민족의 구원을 넘어서는 놀라운 일을 보았습니다. 모든 민족 가운데 주를 믿는 자들이 일어나고 그들 모두가 구원 받는 것을 보았습니다. 그 창조적인 새 일은 지금도 계속 진전되고 있습니다. 그리고 그 '새 일'은 바로 당신입니다! 당신 안에 거하시는 성령님께서 새 일을 행하고 계십니다. 당신은 사랑하는 용사이신 주님과 함께 서게 될 것입니다. 당신의 인생을 통하여 어떠한 생명도 살 수 없을 만큼 척박하고 황량한 곳에 생명이 피어나게 될 것입니다.

자, 이제 선택은 당신의 몫입니다. 이 세상에 짓눌려 있겠습니까, 아니면 자신이 목말라 죽어간다는 사실조차 모르고 살아가는 영혼들에게 생수를 전하겠습니까? 당신은 분명 하늘의 생명을 가져다주는 사람입니다.

"네 손에 무엇이 들려 있느냐?"

Behold, I am coming soon! Rev 22:7,12

|••|••|•|
behold

맹렬한 사랑

초판인쇄 • 2023년 7월 15일
초판발행 • 2023년 7월 25일

지은이 • 게일 딕슨
옮 김 • 정석광, 손정선

발행처 • 비홀드
등 록 • 2019년 8월 2일 제409-2019-000037호
주 소 • 경기도 김포시 월곶면 용강로57번길 86 B동 2호
전 화 • 070 4116 4550
이메일 • beholdbook@daum.net
인스타그램 • www.instagram.com/beholdbook
유튜브 • www.youtube.com/@beholdbook

©게일 딕슨, 2023
BELOVED WARRIOR: LOVE IS THE WAEPON by GAIL DIXON, 2019

ISBN 979-11-93179-01-7
값 18,000원